中国互联网金融发展现状及风险传染研究

丁少玲 著

中国农业出版社
北 京

图书在版编目（CIP）数据

中国互联网金融发展现状及风险传染研究 / 丁少玲著. —北京：中国农业出版社，2024.4
ISBN 978-7-109-31848-9

Ⅰ.①中… Ⅱ.①丁… Ⅲ.①互联网络—应用—金融—研究—中国 Ⅳ.①F832.2

中国国家版本馆 CIP 数据核字（2024）第 063857 号

中国农业出版社出版
地址：北京市朝阳区麦子店街 18 号楼
邮编：100125
责任编辑：陈 瑨
版式设计：小荷博睿 责任校对：周丽芳
印刷：北京中兴印刷有限公司
版次：2024 年 4 月第 1 版
印次：2024 年 4 月北京第 1 次印刷
发行：新华书店北京发行所
开本：700mm×1000mm 1/16
印张：10.5
字数：180 千字
定价：78.00 元

FOREWORD 前言

互联网金融作为一种全新的金融业务模式，自2013年以来，其迅猛发展给我国经济带来了巨大的发展红利，也不可避免带来了巨大的风险。互联网金融的发展及风险监管问题曾多次在政府工作报告中提及，是互联网金融现实领域的两大主题。互联网金融的发展与风险监管均需要相应的统计信息作为支撑，这也折射出我国互联网金融统计研究和实际监管工作尚无法应对现有数据缺口的问题。因此，亟须对互联网金融统计体系、发展现状、风险问题进行深入系统的研究。

目前，学术界虽然对互联网金融的众多领域均有所涉猎，但对几个关键问题的研究仍然还存在较多不足。首先，互联网金融是新生事物，无论是对其进行理论研究还是实证研究，都应基于互联网金融是什么的系列基础理论进行探讨。对互联网金融基本概念，目前尚存在诸多争议。互联网金融总量核算理论体系的研究不仅可以对互联网金融基本统计理论进行探讨，还可以利用核算出的总量结果来反映互联网金融行业的总体发展水平。互联网金融总量核算方面直接相关文献比较少，尚未基于宏观视角建立完整的互联网金融核算理论体系，编制资产负债表方面也尚未展开系统性研究。其次，互联网金融发展绩效方面，我国尚未形成绩效的理论与方法体系，缺乏成熟和完善的综合指标评价体系，对互联网金融发展表现进行定量测度与分析，也还处于初步探索阶段。最后，对互联网金融风险传染的机理和规律认知尚处于摸索阶段，研究整个金融市场中互联网金融风险传导机制的文献寥寥无几，其风险的统计监测难以满足各监管部门的监管需求。

本书在互联网金融总量核算基础理论、发展绩效测度基础理论、互联网金融风险传染复杂网络方法应用上进行了探索性研究，主要工作如下：

一是基于《货币与金融统计手册及编制指南（2016）》，从货币统计视角，提炼出了我国互联网金融的定义与内涵、形成要素，确定了核算主体与客体，对资产负债进行了分类，设计了中国互联网金融部门资产负债表，确定了总量核算方法。利用现有数据，对我国互联网金融虚拟资产负债进行了核算。采用虚拟资产反映互联网金融平台核心金融业务规模，利用部门虚拟资产负债总量核算结果来反映互联网金融的总体发展状况。结论如下：先对第三方借贷、第三方融资及第三方支付部门分项测算虚拟资产；再加总就核算出了2019年互联网金融资产负债表结构季度数据，反映了互联网金融的总体发展水平。

二是在互联网金融核算理论基础上，基于企业绩效理论，进一步对中国互联网金融行业发展水平进行系统的评价。在借鉴一般企业绩效、金融企业绩效、经营及管理绩效指标的基础上，进一步分析发展视角下互联网金融的核心问题，并从经营和管理两个子系统出发构建了发展绩效评价指标体系，对三类重要互联网金融平台进行绩效评价，从而摸清互联网金融发展底数。结论如下：互联网金融市场发展还存在进步空间。不同类互联网金融平台发展不平衡，同类金融平台内不同金融企业间发展也极度不平衡。

三是在中国互联网金融发展测度基础上，进一步探讨细分业态互联网金融平台发展程度微观影响因素及差异性。引入“互联网金融平台发展程度”概念，找出了不同细分业态互联网金融平台发展程度的主要微观影响因素，并厘清各因素影响力的大小排序。结论如下：P2P网贷平台发展程度的主要微观影响因素是平台类型、借款期限。众筹平台发展程度主要取决于公司规模、平台类型，且两者影响程度相差不大。对第三方支付平台发展程度的影响力排在前三位的因素分别是创新业务能力、平台业务范围、注册资本。

四是基于互联网金融发展中产生的各种风险及复杂网络理论，研究互联网金融风险传染。从“风险诱因”“风险传染路径”“风险规制手段”入手，构建了包含互联网金融风险子网、传统金融业子网及监管子网的三层互联网金融复杂网络。通过多层互联网金融网络从不同角度与层次分析互联网金融风险的传染特征。结论如下：互联网金融风险传染是个多属性的复杂性系统，互联网金融市场风险具有内部循环、向传统金融市场传播、受监管政策规制的特点。若忽视了机构之间的互联性，都容易陷入泛泛而谈；若忽视风险规制措施在风险传染中的重要作用，将无法分析监管层与互联网金融之间的风险转移路径。

在本书撰写过程中，得到了许多学者、专家的指导和帮助，保证了本书研究内容的顺利开展并最终完成，在此表示衷心感谢，特别感谢彭刚、朱莉老师。同时，本书的有关研究得到了广西壮族自治区哲学社会科学规划研究课题（22BTJ001）、国家自然科学基金（72263004）、广西自然科学基金（2023GXNSFBA026171）的资助。本书还得到了桂林理工大学各级领导的大力支持，在此表示由衷的感谢。

CONTENTS 目录

1 绪论

目前，我国经济增长存在“三期叠加”压力，政府在我国经济领域进行全面深化改革（李扬，2017）。党的十九大报告指出要坚定实施可持续发展战略，成为新时期我国经济转型发展的新方向（刘伟，2016）。在我国经济转型发展的背景下，金融业的一系列改革创新措施在促使其转型升级发展的同时，也为供给侧结构性改革提供助力，有利于金融业更好地服务于实体经济。国际经验表明，重要的经济改革往往伴随着重大的金融创新。在我国，恰逢以互联网为代表的信息技术高速发展，互联网金融创新提高了金融资源供需匹配效率，降低了金融交易成本，在一定程度上有利于破除传统金融抑制现象（谢平等，2012）。

信息技术快速发展及其与金融运行方式的不断融合，我国互联网金融作为新兴业态，其规模快速发展，已被视为我国经济增长的“新引擎”，在我国的经济发展战略中越来越具有系统重要性。2013 年以来，互联网金融迅猛发展。据国家互联网金融安全专家技术委员会统计，我国第三方支付市场规模增长极为迅速，从 2007 年 3 月的 160 亿元增加到 2020 年 4 月的 350 万亿元，增加了 2 万多倍；P2P 网贷行业从 2009 年的 1.5 亿元飙涨到 2020 年 4 月的 7.8 万亿元；众筹行业 2019 年成功项目实际融资高达约 400 亿元，约为 2015 年前累计成功项目融资额的 3 倍。金融创新给我国经济带来了巨大的发展红利，在享受互联网金融发展红利的同时，承受其带来的风险也不可避免。从网贷之家数据来看，2019—2020 年 P2P 网贷平台大量关闭或者停标，网贷行业乃至整个互联网金融市场风险依然存在。此外，互联网金融起源于传统金融业，传统金融市场与互联网金融市场之间存在密不可分的联系，而不同地区、不同金融机构之间又进一步通过互联网使得之间的金融联系更加紧密。这些使得互联网金融风险迅速波及传统金融业，冲击和传染均极易引发系统性风险，其对整个金融系统，乃至实体业造成的危害性往往超出预期（郭品等，2015）。

近年来，互联网金融跑路潮、暴雷潮等恶性事件不断发生，在社会上产生较大影响。政府对互联网金融的监管趋严，但互联网金融监管政策存在较为严重的失灵问题（陈荣达等，2020）。当前监管政策会压制真正的互联网金融创新，传统的监管路径已无法在博弈中回应未来的金融科技创新。究其根本原因在于互联网金融统计游离于现行金融统计体系之外，存在着巨大的信息缺口（聂富强等，2019）。对互联网金融发展状况、风险危机的发生和影响等相关监测存在缺陷与不足。

1.1 研究背景

互联网金融是依托互联网精神和技术展开的金融模式创新，虽兴起于美国，但辉煌发展却在中国，究其原因是其在一定程度上破除了我国传统金融业中长久存在的金融抑制等现象（黄永等，2015）。近年来，互联网金融快速发展，规模迅速膨胀，释放出巨大的鲶鱼效应，无疑是对中国金融市场结构的巨大冲击。在享受互联网金融发展红利的同时，不可避免地会带来风险及行业监管方面的问题（伍旭川，2014）。

1.1.1 中国互联网金融发展起源及现状

与以美国为代表的西方发达国家不同，互联网金融是中国特有的概念。互联网金融之所以能在中国形成这一特有现象，根本原因在于中国与美国等西方发达国家拥有不同的金融体制，在中国保证金融安全是重中之重的事情，国情决定了传统金融业必然存在“金融抑制”。随着中国经济的不断发展和改革的深化，这种抑制严重影响了经济效率的提升，在中国经济转型发展新时期问题尤其突出（刘峻峰等，2020）。互联网金融的出现在一定程度上降低了交易成本及交易门槛，大力支持了小微融资者，从而大大促进了金融效率的提升（刘勤福等，2014）。

互联网金融具有长尾效应、普惠性等特征，与互联网精神完美契合，借助互联网等工具，充分发挥成本低、操作便捷等优势。传统金融业如银行业、证券业等也都参与了其中。2013 年以来，互联网金融规模迅速膨胀，释放出了巨大的鲶鱼效应，已成为推动我国普惠金融的重要力量，越来越具备系统重要性影响（朱辰等，2018）。

中国互联网金融发展主要经历了四个阶段。第一个阶段，这一阶段互联网金融业务形式类似于传统金融机构的分支，并未实现业务上的分离（汪炜等，2015）。2000年左右，西方发达国家掀起“电子金融”浪潮，此阶段互联网信息技术进入金融领域，只起到工具和载体的作用。第二个阶段，这一阶段是我国互联网金融行业技术革新期。2007年，“宜信”平台成立。2011年，第三方支付开始实行牌照制度（董昀等，2014）。此阶段主要表现为第三方支付方式等新技术逐渐被互联网金融公司开发，互联网信息技术深入到金融业务（陈荣达等，2020）。第三个阶段，这一阶段互联网金融进入革新期。各类具有创新运营方式与组织架构的平台层出不穷，如财付通、京东众筹等。第四阶段，这一阶段互联网金融进入监管革新期。2015年7月，互联网金融被纳入影子银行范围进行监管。2016—2019年，监管机构先后下文，对互联网金融各领域进行严厉监管。

1.1.2 中国互联网金融风险

在享受互联网金融发展红利的同时，承受风险也不可避免。互联网金融是一种金融创新，其出现本身具有脆弱性及风险性，风险二相性特征更是常常被提及（许白玲，2020）。如互联网金融兼具传统金融与信息技术风险双重特征（Yan，2013）。近年来，互联网金融恶性事件不断发生，P2P网贷平台“跑路潮”“暴雷潮”“钱宝网”，以及众筹平台资金链断裂等重大典型案件，从互联网金融实践角度说明互联网金融市场具有风险性（袁远，2019）。

互联网金融伴随传统金融而生，其风险传播更复杂，传播渠道更多样，较之传统金融更具传染性（喻微锋等，2018）。互联网金融用户具有长尾特征，金融风险意识普遍淡漠，投资者往往具有羊群行为①，进而导致互联网金融交易市场的风险性远远大于传统金融市场（王倩，2016）。互联网金融的网络效应、媒体属性②，以及与传统金融业间的关联性，进一步使得互联网金融风险可能迅速波及、传染、放大到传统金融业，扩大局部风险，继而引发系统性金融风险（郑联盛，2014）。由此可见，互联网金融风险传染是个复杂的系统，

① 羊群行为指市场信息不对称带来的压力造成的，跟随市场中其他人做出的决策。

② 互联网本身是一个实时、互动、无边界的媒体，这就使得互联网金融平台媒体属性特征非常明显，这就使得互联网金融的风险瞬间极易扩散和发酵放大。

不仅涉及互联网金融内部风险传染，还涉及向传统金融业扩散。此外，互联网金融平台具有明显的马太效应，选择一些重要平台作为监管对象，可提高风险监管效率，互联网金融风险系统还需要监管模型（Amini 等，2016）。具体来说，法律、技术类互联网风险均受到监管政策的规制作用，同时其传染过程也会受到监管政策影响。因此，现实互联网金融风险传染是一个复杂系统，具有互联网金融风险内部循环、向外传播、受监管政策规制的特点。

1.1.3 中国互联网金融监管

2014—2018 年，政府工作报告中关于互联网金融的论述，体现了“促进发展→规范发展→高度警惕”这一日益趋严的监管过程。2013 年至今，国务院办公厅、中国人民银行等出台了一系列互联网金融监管政策。伴随着互联网金融不同发展阶段，我国互联网金融监管政策也在不断演变，但总体来说，我国监管部门对互联网金融普遍采用的是政策约束行为。我国监管政策建设逻辑主要分为四个阶段：第一阶段，中国互联网金融监管框架发展阶段。2013 年，互联网金融正式监管开启。随后的 2014 年，监管部门进一步对银行与第三方支付机构合作业务等具体业态发布监管试行办法，互联网金融较系统的监管架构尚未完全形成。第二阶段，中国互联网金融监管框架初步形成阶段。2015 年，互联网金融的监管开始向个人征信业务等纵深领域挺进。第三阶段，中国互联网金融监管框架完善阶段。2016 年，对互联网金融各类创新业务活动、风险整治、网贷平台办理备案登记等方面做出明确、详细的要求，监管的强度进一步增大（陈荣达等，2020）。第四阶段，中国互联网金融监管革新阶段。2017 年，对平台资金存管、规范资金链条、反洗钱等方面做出相关规定，标志着互联网金融监管进一步向纵深发展。但我国互联网金融监管的“制度供给”方面，尚未能满足“市场需求”（王飞，2019）。

1.1.4 完善中国互联网金融统计的迫切性

从货币与金融统计发展历史可知，每一次经济或金融的重大变革，都给货币与金融统计带来新的冲击与挑战①。我国的互联网金融亦是如此。互联网金

① 2008 年全球金融危机后，国际货币基金组织积极修订《货币与金融统计手册及编制指南（2016）》，以弥补信息缺口。

融监管存在问题的根源在于现有统计体系无法准确反映其行业发展、风险等经济运行状况，统计信息缺口严重影响了互联网金融监管政策的效能。为此，2018 年 4 月国务院办公厅发布的《关于全面推进金融业综合统计工作的意见》提出中期阶段性目标，特别提出计划 2020—2022 年开展互联网金融机构统计，以期提高互联网金融经济决策和监管的科学性与前瞻性。

在此背景下，正视中国互联网金融在发展中暴露出来的风险和监管方面的突出问题，研究中国互联网金融基本统计理论迫在眉睫。测算互联网金融发展规模，反映互联网金融发展内在数量关系，厘清其发展规律，以总结其发展中出现的新特点，提出促进互联网金融稳健发展的建议是目前的重要任务。在外部监管政策趋严和内部不同细分业态下平台竞争激烈的背景下，探讨互联网金融平台差异化可持续发展的路径，对遵守监管规则的互联网金融平台而言，如何改善自身经营状况实现继续发展显得尤为重要。另外，互联网金融作为金融创新，其风险兼具传统金融与信息技术风险双重特征，其与传统金融业之间千丝万缕的联系使得风险极易迅速波及传统金融业，冲击和传染均极易引发系统性风险。由此可见，风险是互联网金融绕不开的主题。

1.2 研究意义

1.2.1 理论层面

相对于“传统的”问题分析导向式切入，对互联网金融相关理论及风险传染的复杂网络方法的探究，可能更具有现实的迫切性和认知的基础性。本研究的学术价值具体分述如下：

第一，夯实统计理论基础，以达到对互联网金融本质的系统认知。对互联网金融是什么的系列基础理论探讨，有助于从本质上建立对互联网金融的系统认知，特别是对统计范围的理论界定具有较强的借鉴价值。探讨其核算理论，既是我国互联网金融统计实践的迫切需求，也是对宏观经济、金融统计的补充和完善。

第二，我国尚未形成专门对互联网金融企业绩效评价的办法，借鉴一般企业及金融企业的绩效评价办法，探索细分业态下互联网金融发展绩效测度指标体系，是对我国现行的企业绩效评价指标体系理论的丰富和完善。

第三，以复杂金融网络理论为基础，结合互联网金融风险传染特点，从

“风险诱因”“风险传染路径”“风险规制手段”三方面入手，构建三层互联网金融网络，拓展了多层互联网金融结构测度指标相关理论及结构特征研究，发展出一套能够在复杂场景下进行互联网金融风险传染性的分析框架，是多层复杂网络方法在互联网金融领域的进一步纵深发展。

1.2.2 应用层面

第一，对互联网金融基本核算理论、互联网金融资产负债核算、绩效评价指标体系等展开研究，既可指导我国互联网金融统计工作实施，也是对我国宏观经济监管、金融统计体系的有力补充和完善。

第二，对互联网金融发展理论深入研究，系统性测度其发展绩效，有利于客观准确把握其发展状况。从监管者和平台经营者角度出发，为发展策略和监管政策的制定提供保障。

第三，当前，互联网金融相关统计数据零散化、不全面、不规范，无法客观准确反映互联网金融发展状况及其存在问题。从数据层面来讲，目前互联网金融平台的金融与消费数据掌握在第三方机构手中，测度其发展绩效有利于解决数据方面的垄断问题。

第四，针对互联网金融市场发展不平衡的问题，从经营者和政府部门两个层面提供风险规制建议。此外，依托互联网金融发展绩效理论和方法研究成果，形成互联网金融企业绩效评价实践制度体系，以推动互联网金融企业绩效评价办法及细则颁布实施。

第五，基于多层复杂网络理论与现实互联网金融网络特点，构建能够反映互联网金融系统复杂性、呈现多属性连接的多层复杂网络，可从不同层次与角度刻画从诱因到向传统金融扩散再到风险规制的风险传染机理，提高互联网金融网络在复杂场景下的应用能力。

1.3 研究思路

本文的研究逻辑：一是基于货币统计视角，探讨互联网金融的核算原理、原则与基本方法，对互联网金融的定义、边界、主体、客体、具体业务结构、部门资产负债表等基础统计理论有基本的认知，并尝试核算互联网金融总量，通过互联网金融部门虚拟资产负债总量来衡量互联网金融的总体发展水平，但其无法完整反映其内在各层次的数量关系。二是基于上述对互联网金融基础统计理论的基本认知，进一步研究互联网金融发展绩效测度问题。由于互联网金融发展绩效测度涉及甚广，本文聚集于发展绩效与微观影响因素的数量特征方面。发展绩效可以较客观地反映互联网金融内在各层次的数量关系，系统评价互联网金融行业发展状况。之所以讨论互联网金融微观影响因素，是想探讨在监管趋势趋严的大背景下，合规的互联网金融企业经营者如何实现自我调节，如何改善自我经营状况？三是在互联网金融发展绩效测度的过程中，发现管理绩效及准则层中的风控能力对其发展有决定性影响。此外，提及互联网金融无论是学术界还是业界都离不开发展与风险两大主题。因此，进一步讨论互联网金融风险问题，通过文献分析发现互联网金融风险确实绕不开对传统金融业的影响及风险规制问题。

本文的具体思路如下：一是借鉴货币与金融统计体系的最新修订成果《货币金融统计手册与编制指南》（国际货币基金组织，2017）。从货币统计视角来看，提炼出了我国互联网金融的定义与内涵、形成要素，确定了核算主体与客体，对资产负债进行了分类，设计了中国互联网金融部门资产负债表，确定了总量核算方法。利用现有数据，对我国互联网金融总量进行初步核算，试图形成互联网金融比较完整的基本核算理论。二是进一步遵循“一般企业→金融企业→互联网金融”的逻辑框架，构建互联网金融发展绩效测度体系，系统性测度其金融发展绩效，以期能提高监管效能。然后进一步分析在宏观背景基本相同的前提下，究竟是哪些因素导致不同细分业态下平台发展程度差异？不同细分业态下平台发展程度的微观影响因素又有何异同？这些因素的影响力孰轻孰重？试图找出影响各细分业态下互联网金融平台发展程度的主要微观影响因素，并厘清不同类平台各自因素影响力的大小顺序。三是研究互联网金融风险传染问题。以多层复杂网络理论为基础，辅以拓扑理论，针对多层互联网金融网络风险传染存在的关键问题展开研究。互联网金融风险传染是个多属性的复杂性系统，具有互联网金融市场风险内部循环、向传统金融市场传播、受监管政策规制的特点。若忽视了机构之间的互联性，都容易陷入泛泛而谈，若忽视风险规制措施在风险传染中的重要作用，无法分析监管层与互联网金融之间的风险转移路径。因此，构建互联网金融风险子网、监管子网，以及传统金融业子网的三层互联网金融风险复杂系统，基于多层网络拓扑性质，分析互联网金融风险的传染机理。最后就完善我国互联网金融统计标准与体系、完善我国互联网金融风险监测预警框架方面提出相关的政策启示。

1.3.1 总体框架

第一章绪论包含研究背景、研究意义和研究思路三个方面的内容。其中，研究背景从近年来中国互联网金融发展历程、风险特性、监管现状、完善统计的迫切性这 4 个方面进行分析，剖析当前的问题，从理论层面、应用层面阐述研究意义，明确研究框架、研究方法、研究重点和难点。

第二章为文献评述与理论基础。从互联网金融核算测度理论、复杂网络在互联网金融风险传染中的应用，以及互联网金融监管理论基础这几个方面进行了理论和文献的梳理、分析与评述，以期为本研究找到理论支撑和切入点。

第三章为货币统计视角下中国互联网金融总量核算。基于《货币与金融统计手册及编制指南（2016)》，探讨了互联网金融的定义、核算边界，提出核算主体与客体的确定、探讨资产负债范围划分与分类。此外，沿用《国民账户体系 2008》标准，参考《中国国民经济核算体系》中给出的参考表式，设计中国互联网金融资产负债表，探讨虚拟资产总量核算方法，尝试进行总量核算，利用部门虚拟资产负债总量衡量互联网金融的中介金融业务规模。

第四章为中国互联网金融发展绩效测度。基于第三章互联网金融的基本理论，进一步系统分析了我国互联网金融行业发展状况。基于发展动因、风险控制的角度、企业绩效理论，设计了互联网金融平台发展绩效的评价指标体系。采用熵权 TOPSIS 方法进行实证研究，以权威第三方网站对互联网金融发展的评价作为参照，验证结果的合理性。同时，使用变异系数法加权 TOPSIS 模型进行比较分析，验证了模型的稳健性。

第五章为互联网金融发展程度微观影响因素的实证研究。基于第四章对互联网金融发展绩效的评价，探讨细分业态下互联网金融平台发展绩效微观影响因素及差异性。主要内容为找出平台发展程度的主要微观影响因素，并厘清各因素影响力的大小排序。从经营者的角度为合规的互联网金融平台提出有利于实现自身持续发展的差异化策略建议。

第六章为多层复杂网络下的互联网金融风险传染演变及量化。将互联网金融、传统金融业及监管纳入多层互联网金融网络，构建三层互联网金融网络模型。从“风险诱因”“风险规制手段”和“风险传染路径”三方面入手，构建三层互联网金融网络基本框架，基于无标度机制生成动态多层互联网金融网络，刻画风险从诱因到向传统金融扩散再到风险规制的传染全过程。研究动态多层互联网金融网络的拓扑性质，拓展其结构测度指标理论（包括节点、边、层测度指标），完善参数体系和模型算法。从网络结构和网络类型出发刻画网络拓扑结构和网络风险演化特征，从不同角度分析互联网金融风险通过多层互联网金融网络渠道的传染特征。

第七章为主要结论、政策启示及研究展望。基于上述分析得出本文的结论，并针对研究中发现的问题，从完善中国互联网金融统计标准与体系、风险监测预警框架等几个方面提出互联网金融发展策略与建议，并分析本文的创新点，进而提出本文的不足之处和进一步的研究展望。

研究技术路线如图 1-1 所示。

1.3.2 研究方法

一是比较归纳与定量分析相结合。比较普通企业、金融企业等绩效评价方法，归纳共性特征，找寻相近指标，形成互联网金融绩效测度指标体系的大体框架；采用网络爬虫等方法获取数据，采用计量模型测度了中国互联网金融发展绩效，并对其发展程度微观影响因素进行实证研究。

二是文献分析与实践分析相结合。回顾互联网金融研究已有文献，分析互联网金融定义及其分类，介绍并分析当前互联网金融概念、总量核算、绩效评价、风险传染、监管理论等研究情况；根据中国互联网金融发展的现实状况，不同分类下各平台特点，构建发展绩效指标体系。

三是国民经济核算方法及货币与金融统计方法。基于《货币与金融统计手册及编制指南（2016)》视角，确定核算的主体及客体、确定资产负债范围的划分与分类，设计中国互联网金融资产负债表，探讨核算原则，并尝试初步进行总量核算。旨在为下一步构建中国互联网金融资产负债核算体系，以及互联网金融总量核算提供重要依据。

四是复杂网络分析技术与传播动力学技术相结合。将复杂网络分析技术和金融学、经济学、统计学理论进行有效整合。从不同类型复杂网络的拓扑结构出发，对多层互联网金融网络风险传染的动态演化特征进行深入描述，同时，分析多层互联网金融网络的网络结构与风险的形成和传染机理，让复杂网络分析方法与国民经济核算、经济学、金融学之间形成有效对接。

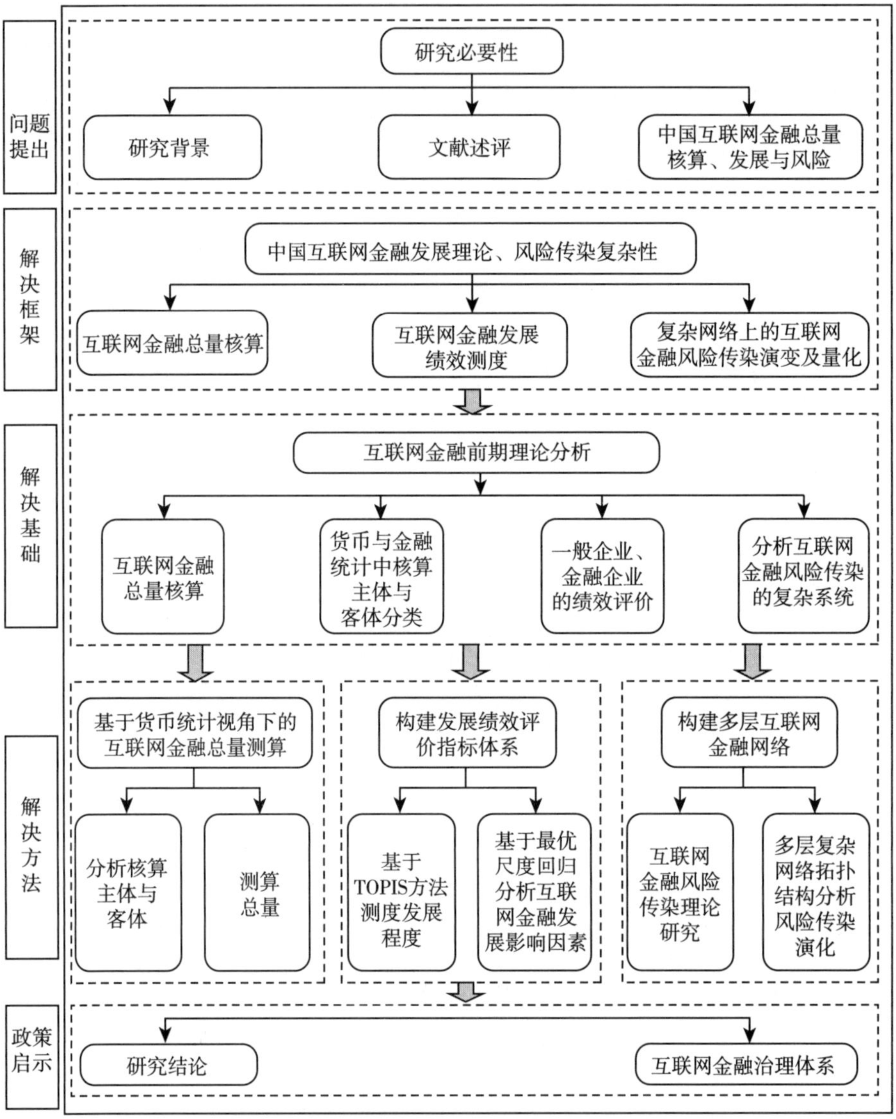

图 1-1 技术路线

1.3.3 拟解决的问题和研究重点、难点

首先，尚未建立完整的互联网金融核算体系，编制资产负债表方面也尚未展开系统性研究。中国互联网金融复杂的组织结构，使得构建中国互联网金融资产负债核算体系存在较大的困难。此外，互联网金融数据获取困难，更增加

了其总量核算的难度。其次，互联网金融发展绩效测度方面，目前我国尚未针对互联网金融企业颁布专门的绩效评价办法，国内外学术界对互联网金融发展绩效研究还相对处于系统认知的“未知状态”。此外，现有的相关互联网金融网络及传播动力学处于探索阶段，集中于局部互联网金融网络，通常只针对某一业态平台之间，以平台为节点，以两平台之间的利率等相关关系构建“边”，但单层复杂网络方法构建单层互联网金融网络已无法有效解决互联网金融网络风险传染复杂系统的多属性关联问题。由此，本文主要研究问题及重点难点如下：

第一，中国互联网金融总量核算问题探讨。主要存在三方面的问题：一是探讨互联网金融的理论内涵、统计定义、核算边界等基础理论问题。对于互联网金融概念，具体包括哪些活动尚未形成统一认识。一方面，需要从货币统计视角出发，提炼出互联网金融活动范畴；另一方面，对互联网金融边界和范围的认知可借助统计分类方法，对细分下不同业态进行探究。二是基于货币与金融统计，对互联网金融的定义、核算边界、核算主体及归属、构成及业务形式、资产负债分类等核算理论体系进行研究。互联网金融与非互联网金融间难以划定确切性的边界。互联网金融有狭义和广义之分，金融活动对互联网的作用既可为直接也可为间接、既可为绝对也可为相对，而发挥间接或相对作用的金融活动，是否应纳入互联网金融活动范畴，其临界判断中对度的把握将较为困难。三是数据获取难、基础数据质量不高等问题使得对互联网金融进行总量核算较为困难。

第二，发展视角下互联网金融绩效测度指标体系研究。基于互联网金融发展角度，为反映互联网金融发展状况而构建指标体系，其最终落地到互联网金融绩效评价体系基本框架及其具体量化指标问题。从内容上，互联网绩效评价体系是为反映金融机构所涉互联网金融活动发展状况；从范围上，互联网金融绩效既可独立反映互联网金融发展绩效状况，同时又隶属于金融业绩效评价体系，形成反映全部金融企业绩效评价的有机组成部分。在此之中，将会涉及绩效总体框架一致性、不同细分业态下绩效分类分析、测度互联网金融发展绩效方法选择等难点问题；再者，我国互联网金融活动实践中缺乏对互联网金融活动或项目的专门认定标准，使得对互联网金融不同细分业态下差异性的考量存在困难，具体测度指标的选择难度甚大；此外，难以回避可参考的是已有直接相关研究甚少、具体实证研究中数据获取困难等问题。

第三，发展视角下互联网金融绩效微观影响因素研究。该研究重点问题的难点与上一处有相似之处，还会涉及绩效微观影响因素指标总体框架一致性、不同细分业态下绩效微观影响因素指标分类分析、建模方法选择、实证分析中代表业态的选择等难点问题。此外，同样难以回避数据获取困难、可参考的已有直接相关研究甚少等问题。

第四，如何构建多层互联网金融网络的问题。构建多层互联网金融网络是互联网金融风险传染研究最基本的问题，也是面临的最大挑战。构建多层互联网金融系统网络主要存在三方面的问题：一是构建互联网金融风险、传统金融和监管子网方面，应采用何种单层子网络结构，小世界网络、无标度网络等哪种网络结构和三个子网络的现实结构更一致；二是各子网络的节点选择问题，以及节点之间的关系，如何构造邻接矩阵，如何连接成边；三是不同子网络层的结构关系，即交叉层的节点如何确定，交叉层节点间的关联结构如何建立。如何结合互联网金融行业、传统金融业传染传导机制及风险监管规制特点，构建多层复杂网络，是将要解决的一个关键问题。

第五，如何测度多层互联网金融系统网络的结构指标问题。多层互联网金融网络在描述和分析多属性关联、多类型连接系统的优势是显而易见的，但是随之而来，经典复杂网络方法的统计特征测度方法已不完全适用，需拓展多层互联网金融结构测度指标。多层互联网金融系统网络中拓扑特征涉及节点测度指标、边测度指标、层测度指标。其中，节点测度指标包括节点度、节点的活跃性、多层参与系数、聚集系数等；边测度指标包括边重叠、边交叉、路径长度等；层测度指标包括层间度相关性等。如何将多层复杂网络理论与多层互联网金融网络分析两者融合，也是需要解决的关键问题。

2 文献评述与理论基础

根据本文拟解决的问题及研究的重点、难点，一是需探讨互联网金融的理论内涵、统计定义、核算边界等基础理论问题；二是基于发展视角，需探讨互联网金融绩效测度指标体系、绩效评价方法等问题，以及如何构建互联网金融复杂网络的问题，多层复杂网络理论在互联网金融风险传染中的应用等问题；三是这些问题都具体落实到互联网金融监管问题。下面将围绕互联网金融基本概念、总量核算、发展绩效、风险传染、复杂网络、监管这六个方面对已有研究进行评述。

2.1 互联网金融基本概念

从内涵、边界、分类和统计范围等多方位对互联网金融进行系统认知，科学地具象化互联网金融这一客观研究对象是本文后续研究的基础。国外对于互联网金融的提法并不多，普遍认为西方成熟市场没有“互联网金融”。就我国互联网金融而言，不同于西方演进式发展路径，而是实现了跨越式发展，其发展成为独立的新兴业态（陈荣达等，2020）。

2.1.1 互联网金融概念

西方发达国家称互联网金融为“网络银行”“电子银行”“金融互联网技术”“在线金融”“电子金融”等（谢平等，2012；王伟等，2017）。Koh 等（1973）最早提及相关概念。巴塞尔银行监管委员会于 1998 年首次官方提出“网络银行”。2002 年，美国联邦贸易委员会将其定义为在线金融。

在国外，互联网金融研究较多的是基于电子金融或网络银行的概念进行。

Mishkin 等（1995）基于信息不对称的角度，认为互联网技术在金融行业的应用会改变现有金融体系结构。Anonymous（1999）认为电子金融会促进银行业改革，也增加了传统金融业的风险。Allen 等（2002）提及电子金融，指出其充分利用互联网技术构建平台，并借助平台提供金融服务业务。Mas - Colell（1995）认为互联网信息技术会促进互联网金融发展。Acharya 等（2004）讨论网络金融对商业银行的冲击。Shahrok（2008）认为电子金融交易取决于互联网或类似网络。Srivastava 认为互联网金融不仅交易成本低，而且对发展中国家金融体系的影响更大（Lee，2016）。

在国内，严建红（2001）最早提及互联网金融相关概念。谢平等（2012）最先提出“互联网金融”。2013 年，中国人民银行首次官方使用“互联网金融”这一名词。但学术界对互联网金融的严谨定义尚存在争议，主要集中在互联网金融创新性、互联网金融与传统金融业关系、广义角度与狭义角度三个方面。

互联网金融创新性方面，谢平等（2012）指出互联网金融是利用互联网信息技术的新金融模式。吴晓求（2014）认为其是一种新型的金融创新。芮晓武等（2014）认为其是一种以信息技术为基础的金融创新模式。秦宇琪（2015）指出互联网金融与直接融资及间接融资均存在不同之处。马骁骏等（2017）指出互联网金融是结合网络技术的新金融形态。

互联网金融与传统金融业的关系方面，刘澜飚等（2013）认为二者存在竞争关系。陈志武（2014）指出互联网金融拓宽了金融业务渠道，会产生竞争，但其具体业务和传统金融并没有不同。赵洪江等（2015）指出二者区别仅仅在于互联网技术。

广义角度与狭义角度方面，杨群华（2013）认为互联网金融不仅包括互联网金融服务的实体金融机构，还包括互联网产品及服务、相关政策法规。谢平等（2014）等学者从广义角度，认为所有涉足互联网领域的金融业务都应被纳入。吴晓求（2015）等从狭义角度，认为互联网金融是融资融通能力与信息技术结合产生的创新金融模式。当前对互联网金融概念范畴界定，尚存在诸多争议，但对其核心要素和基本属性的认识已经基本趋于统一，即互联网金融的本质是利用网络信息技术从事金融活动。

2.1.2 互联网金融细分业态

国外方面，较早对互联网金融具体形态进行了探讨，且一般聚焦于某种业态。Robert（2001）研究了互联网银行这一类的具体运作形式，探讨具体的产品分类。Mollick（2014）分析了众筹行业，研究如何利用网络平台进行融资。Ocean Tess（2013）分析了互联网网贷平台的贷款流程，认为可快速办理审批是其一大优势。

国内方面，一是分析了互联网金融的某种形态，二是研究了互联网金融业态分类方式。互联网金融的某类业态方面，主要集中于第三方支付、P2P 网贷、众筹等（钱金叶等，2012；李雪静，2013）。互联网金融业态分类方面，陈一稀（2013）从互联网金融的创新行为角度，将其分为四种模式。徐燕（2015）认为在陈一稀分析的四种创新模式基础上，还应包括互联网金融门户的创新。刘英等（2013）将其分为 P2P 网贷、第三方支付等五类。罗明雄（2013）认为在刘英等的基础上，还应包括互联网金融门户，共分为六类。尹海员等（2015）从经营模式角度，将其划分三种模式。李树文（2015）从商业模式角度，将其划分为大数据金融、众筹、P2P 网贷等六种主要形态。邢译文（2016）认为可划分为第三方支付、互联网银行、P2P 网贷款等六种。

谢平等（2014）从广义角度将其划分为八类。吴晓求（2015）从狭义角度将其划分成三类：P2P 网贷、众筹、第三方支付模式。虽然互联网金融业态分类方式的标准尚未统一，但是对将 P2P 网贷、众筹、第三方支付模式列入主要业态方面并没有太大分歧。

2.1.3 与互联网金融相关的概念

有许多与互联网金融相关、相似的概念，让人很难分清楚，如供应链金融、互联网经济、区块链金融等，下面具体分析其与互联网金融的区别及联系。

供应链金融方面，由 Timme 最早提出。20 世纪 80 年代，基于企业巨头寻求成本最小化，供应链金融开始得到重视（谢世清等，2013）。供应链金融和互联网金融都具有长尾特征，都对信息不对称问题有所缓解，风险管理都需要借助信息技术，服务对象都是中小企业对应的信贷市场（宋华等，2016）。二者又存在区别，供应链金融是出自商业银行的业务创新，互联网金融是由技术创新引发的金融业态创新，两者核心主体不同，降低成本方式不同（谢蕾等，2014）。

互联网经济是互联网网络化下的经济活动及现象，包括电子商务、移动互联、搜索引擎、数据服务等（程立茹，2013）。2010 年经济合作与发展组织发布《互联网经济展望》，2015 年进一步提出数字经济测算框架（许宪春等，2020）。互联网经济测算理论可为互联网金融核算提供一定的理论支撑与实践指导。

区块链金融方面，比特币是金融业的最早应用（朱化仁等，2020）。区块链技术具有去中心化等四类特点（林晓轩，2016）。区块链技术能够有效解决互联网金融的信用风险（张苑，2016）。在互联网金融领域，只有比特币应用了区块链技术，而 P2P 网贷、第三方支付等未完全应用，原因在于开发技术难度太大，无法体现普惠性（李政道等，2016）。

综上，区块链金融及供应链金融的核算理论对互联网金融核算存在一定的借鉴之处。

2.2 互联网金融总量核算

虽然互联网金融总量核算较少有人研究，但仍可从已有研究成果中发现部分与互联网金融核算紧密关联且能够为互联网金融规模测度提供诸多启示的文献，主要分为三类：一是互联网金融会计核算研究，二是互联网金融总量核算相关研究，三是统计与评价研究。

2.2.1 互联网金融会计核算研究

互联网金融会计核算是总量核算的微观基础，基于互联网金融的会计核算研究主要集中在两个方面：一是基于互联网金融新特点，对会计核算方法进行改进；二是针对互联网金融的某种模式，如何具体进行会计核算处理。

第一，改进互联网金融会计核算方法方面，利用现有会计制度改进互联网金融会计核算，还存在较大困难。赵卓丽（2015）对互联网金融给会计核算带来的影响做出详细阐述。互联网金融业务形式会对会计假设、目标产生一定的影响，易使得会计核算难以界定主体边界（张文慧，2017）。

第二，互联网金融的具体会计核算处理方面，刘学等（2016）比较了第三方支付平台的账务处理方式，认为应按照其他货币资金方式进行记录。宋薇（2018）对投资、融资情况下，平台资金的记录方式及记录科目进行研究。张秀杰（2017）研究了信用贷款模式中贷款利息、损失准备的具体处理方式。互联网金融会计核算研究对于互联网金融的构成，包括具体业务结构、业务流程，以及资产负债划分等提供参考。

2.2.2 互联网金融总量核算相关研究

虽然较少研究从宏观视角专门探讨互联网金融总量核算，但还是有与之关联的相关文献，主要有三个方面：一是互联网经济测算理论对互联网金融总量核算有支撑作用；二是互联网金融属于新型业态，绿色金融、虚拟经济等的核算理论有借鉴之处；三是 2013 年国务院将互联网金融划入影子银行进行监管，影子银行规模测算对互联网金融总量核算也有借鉴之处。

第一，互联网经济测算方面。2012 年，经济合作与发展组织发布的《互联网经济展望》给出了互联网经济的测算框架，将测度方法分为 3 类：直接影响角度、动态角度、间接影响角度（张美慧，2017）。欧盟新经济统计信息系统专注于新经济统计测度（许宪春等，2020）。

第二，绿色金融、虚拟经济等的核算理论方面。杨仲山（2006）提出用国民消费总值指标来衡量新经济规模。许宪春等（2020）对中国数字经济规模进行了测算。彭刚等（2020）基于货币统计角度，研究了绿色金融核算问题。聂富强等（2019）依照《国民账户体系 2008》，探究了虚拟经济总量核算理论。李正辉等（2013）等探讨了虚拟经济总量，分析了其测度指标的适应性问题。刘蕾（2019）界定了网络虚拟资产的内涵。李文红（2020）从国际监管的角度，讨论了虚拟资产风险防范问题。

第三，影子银行规模测算方面。李文喆（2019）从经济学角度，探讨影子银行资产负债表，估算出我国影子银行规模。孙国峰等（2015）从信用货币创造的角度，界定我国影子银行概念，并进行规模测算。李若愚（2013）从广义角度对我国影子银行规模进行了估算。虽然以上核算理论不是基于互联网金融角度，但是有可借鉴之处。

2.2.3 互联网金融统计与评价研究

现有互联网金融统计与评价研究主要从三个方面进行：一是提出构建互联网金融统计监测体系的必要性。安康（2017）提出存在大量互联网金融资金及产品并没有纳入金融统计。二是提出当前我国互联网金融统计面临的难题与困境。杨富勇（2016）指出现有互联网金融统计没有国家标准，数据收集缺乏权威性，无法保证基础数据的质量。侯玉玲（2015）研究互联网金融统计难点在于融资统计，主要体现在难以界定分类指标。三是提出了构建互联网金融统计监测体系，提出统计内容、主体、范围和统计报表等方面的统计基本思路。江海（2014）提出要编制互联网金融资产负债表、构建互联网金融部门概览等统计框架。骆波（2017）认为在我国互联网金融的金融资产分类及核算范围方面，应该借鉴国际货币基金组织的货币与金融统计体系。互联网金融统计与评价研究的现有研究，虽然非宏观视角的互联网金融总量核算角度，但有可借鉴之处。

2.3 互联网金融发展绩效

目前，国内外关于互联网金融发展绩效的研究主要分两个方面：互联网金融发展绩效测度理论相关文献和绩效评价方法。

2.3.1 互联网金融发展绩效测度理论

互联网金融发展绩效测度方面的相关研究成果亦是以国内学者居多。互联网金融发展绩效测度已有相关研究中，虽然通过构建测度指标体系的方式专门探讨互联网金融发展绩效的研究较少，但是仍可从已有研究成果中发现部分与互联网金融发展绩效紧密关联且能够为互联网金融发展的系统测度提供诸多启示的文献，主要集中于某一类互联网金融产品或模式的绩效分析，或互联网金融业对传统金融业的绩效影响，以及互联网金融企业的某种绩效测量。李文亮（2017）运用2006—2015年中国16家上市银行数据，探讨互联网金融与商业银行创新绩效的关系，认为互联网金融对商业银行的创新绩效具有显著的正向影响。张典礼等（2016）分析涉及互联网金融概念的上市企业经营绩效，认为其发展存在不协调。胡巍（2017）选取了2007—2016年中国13家上市城市商业银行的综合创新绩效值，来分析互联网金融对城市商业银行创新绩效的影响。

我国目前尚没有专门针对互联网金融企业的绩效评价办法，互联网金融发展绩效评价必然与现有其他一般企业及金融企业绩效评价体系相内洽。国内部分学者对金融企业绩效也进行了一些衡量，主要分市场绩效和财务绩效两方面，由于中国金融企业的实际绩效与市场价值间匹配程度不高，使得对金融企业绩效的测度集中在财务绩效方面。杨卫平等（2016）构建了互联网背景下保险公司的经营绩效评价体系。此外，也有学者从管理绩效角度衡量。刘吉平（2017）从资产质量、业务、发展和顾客角度研究中国民生银行南京分行的管理绩效。虽然非互联网金融绩效角度，但是有可借鉴之处。

2.3.2 互联网金融发展绩效评价方法

企业经营绩效评价始于1917年，由福布斯公司提出。1919年，杜邦跨国公司构建财务分析体系，形成杜邦分析法评价企业经营状况（朱鹏，2016）。1991年，经济增加值法被提出。Kaplan等（1993）首次引入平衡记分卡法，结合了非财务指标。除此之外，还有综合评价法等。

目前，企业绩效评价方法的主流方法为综合评价法。Zadeh（1965）提出模糊综合评价法，使得企业绩效评价方法走向定量分析。Charnes等（1978）提出数据包络分析法。Saaty（1977）提出采用层次分析法。除此之外，综合评价法还包括灰色关联度分析法，以及因子分析法，还有TOPSIS法等（尹夏楠等，2017）。

TOPSIS法由Yoon和Wang于1981年首次提出，隶属于有限个方案多目标决策的综合评价方法（Bryson等，1996）。TOPSIS法可用于单层或多层指标体系的评价，对企业内的纵向对比及企业间的横向对比，反映了互联网金融企业各层级之间的发展状况（Hua等，1999；Zhu，Wang，2012）。为了克服TOPSIS法权重单一的问题，TOPSIS法一般和权重赋值法结合，指标赋权方法分为主观赋权法和客观赋权法。主观赋权法中如层次分析法、模糊综合评价法等，易产生主观性，导致重大失真。客观赋权法有变异系数法、多元统计评价法、人工神经网络法、熵权法等。Shannon（1984）提出了信息熵的概念。信息熵与TOPSIS法结合，熵权TOPSIS法既考虑了选用指标的差异过小造成的分析困难，又采用熵值法客观赋权，使测度结果更贴近实际（李刚，2011；许传西，2015；田秀杰等，2018）。

2.4 互联网金融风险传染

目前，国内外关于互联网金融风险传染的相关研究，主要包括以下三个方面：互联网金融风险类型、互联网金融风险测量、互联网金融风险溢出效应。

2.4.1 互联网金融风险类型

互联网金融风险研究一般集中于单项风险具体研究、风险整体归纳分类两个方面。在单项风险方面，童文俊（2014）认为，互联网金融除了具备传统金融风险外，还有操作、信息技术风险等独特风险。谢平等（2014）认为技术操作风险会带来信息安全问题，进而威胁用户资金安全，引发资金滥用风险，甚至加剧信用风险。李国义（2017）重点分析了互联网金融信用风险，剖析了故意违约型和被迫违约型的深层次原因。道德风险产生的原因主要是存在信息不对称（王倩，2016）。薛紫臣等（2016）讨论互联网金融投资错控性风险，认为虚拟性及主体泛众化是主因。

在风险分类方面，包爱民（2013）认为互联网金融应具有资金安全、信息安全等5个方面的安全风险。魏鹏（2014）归纳出六大类风险。洪娟等（2014）基于互联网金融风险的特殊性分析了监管覆盖风险等。龚明华（2014）重点分析了互联网金融的三大特殊风险，如合规性风险等。李彩凤等（2016）对互联网金融风险进行全面分析，构建评判标准系统，一级指标为操作不良风险、信用运营失败风险、声誉风险等五类。目前，虽然互联网金融风险分类方式的标准尚未统一，但是对将信用风险、信息技术风险、法律法规性风险列入主要风险类型并没有太大分歧。

2.4.2 互联网金融风险测量

仅仅对互联网金融风险特殊性进行研究是不够的，还需定量测量。如何测量互联网金融风险亦是热点问题，主要测量方法分为两类：一类是风险评估模型，另一类是风险价值（Value at Risk，VaR）方法。

第一类风险评估模型中，Rosenberg（2006）利用不同类别风险的分布模型，认为直接加总方法会高估风险。Hossain（2008）通过模糊逻辑模型，测算登陆操作风险水平。孙小丽等（2013）评估互联网金融公司的信用风险水平。王立勇等（2016）测算了行业的整体风险。

第二类 VaR 方法中，1993 年，由 30 国集团最早提出。Morgan（1994）进一步提出 Risk Metrics 方法。Böcker（2005）使用 VaR 方法估计操作风险水平。欧阳资生等（2016）使用 areto 极值分布模型，得出相较于整个股票市场的风险，互联网金融风险较大。李凯琪等（2015）重点研究我国货币基金方面，分析其产品的风险。邹静等（2017）运用结构向量自回归模型，分析了其风险对商业银行的冲击。

2.4.3 互联网金融风险溢出效应

Forbes 等（2002）最早称“溢出效应”指由资金流动等关联导致的风险传染。互联网金融风险溢出效应研究主要集中在两方面：一是互联网金融风险对传统金融业的传染性，二是互联网金融风险对传统金融业的溢出效应度量。

第一方面，从对传统金融行业的冲击角度，认为互联网金融风险会在短期内对商业银行造成冲击（Amini，2016）。互联网金融在一定程度上会使得银行业风险增加（Debreceny 等，2002）。郭品等（2015）认为互联网金融风险对银行风险的影响趋势呈现 U 形。何启志等（2017）认为互联网金融发展对于股票市场具有正向冲击，助推了股票市场虚假繁荣。顾海峰等（2018）认为银行资本充足率决定互联网金融风险冲击感知程度。谭媛媛等（2018）认为基于互联网销售模式，会造成保险业的经营风险增大。

第二方面，度量方法主要集中于 GARCH 模型、VaR 方法、CoVaR 方法，如 Adrian、Brunnermeier（2008）创立了条件风险值-CoVaR 的方法。张晓（2016）建立 AR-GARCH-CoVaR 模型，得出如下结论：相较于证券业和保险业，互联网金融对银行业的风险传染大很多。陈慧雯（2017）基于 GARCH 模型的 CoVaR 与分位数回归方法，当出现极端风险时，互联网金融风险对银行业的风险传染是最强烈的，保险业第二，证券业较之最小。目前，互联网金融风险溢出效应多是集中于互联网金融对银行业、证券业、保险业的冲击，但未区分具体的传染渠道与路径。

2.5 复杂网络在互联网金融风险传染中的应用

目前，复杂网络正在向金融方向纵深发展，Allen 等（2000）进行了开创性研究。由 1.1.2 节的分析可知，探讨互联网金融风险，还应该关注其与传统金融业间的互联性，以及风险规制措施对风险转移路径的影响。

2.5.1 互联网金融复杂网络

金融复杂网络通常分为单层复杂网络和多层复杂网络，单层金融网络是由节点和连边组成的网络，节点的关联关系是单一的，而多层金融网络呈现金融主体间的多属性、多类型关联关系，是由各层子网络和交叉层网络联合构成的复杂系统（卜湛，2019）。

单层金融网络方面，通常分为无标度和小世界两类（Debreceny 等，2002；Amini 等，2016）。在网络特征方面，小世界网络的显著特征为具有短的平均路径和大的聚类系数；无标度网络存在 Hub 节点（Cont 等，2010；邓超等，2014;）。现实金融网络结构常常具有无标度性，如日本、澳大利亚、巴西、中国银行间网络，欧洲银行隔夜拆借市场网络，美国银行间债务网络，以及股票市场网络（Boss 等，2004；Souma，2003；Iori 等，2008；Caccioli 等，2012；朱莉，2023）。此外，在互联网金融市场也有类似结论，如龚书雯等（2018）以复杂网络为视角，以网贷平台为节点，构建无向无权的无标度网络。米传民（2018）构建从资金流动全链条的互联网金融超网络模型。单层互联网金融风险网络无法反映节点和边的异质性，无法反映互联网金融与传统金融业的互联性，以及风险规制措施对风险转移路径的影响。

多层金融网络方面，基于无标度与小世界机制，多层网络主要有两类形成机制：一是增长型的多层网络模型，二是多层网络复合型模型（Buldyrev 等，2010；Battiston 等，2014）。目前，多层网络理论研究正被逐步应用于金融风险传染领域，如对美国股票市场、意大利银行业、英国银行间市场均建立了多层复杂网络模型（Musmeci 等，2017；Bargigli 等，2015；Langfield 等，2014）。此外，Xu 等（2020）研究了互联网金融风险传染中的异质性关联。多层复杂网络技术已经成功应用于金融系统分析，但多数研究侧重于金融体系中的银行间市场、外汇市场、股票市场等，在互联网金融风险领域有待进一步探讨。现实互联网金融是由多个机构组成的复杂系统，系统中主体之间表现出多类型关联关系，网络结构呈现多类型连接的特征（李丹丹等，2017）。现有的相关互联网金融网络通常只针对某一业态平台之间，以平台为节点，以两平台之间的利率等相关关系构建“边”，单层复杂网络方法构建单层互联网金融网络已无法有效解决此类复杂系统的多属性关联问题。

2.5.2 互联网金融网络中风险传染的扩散效应研究

在金融网络中风险传染的扩散效应研究方面，主要有两大类，一类是基于多层复杂网络拓扑结构研究网络中的风险扩散情况，另一类是从传播动力学的视角开展传染效应研究。

第一类中，多层复杂网络结构的统计特征主要分为子网络的单层网络结构、多层复杂网络整体结构两个方面。子网络的单层网络结构方面主要基于节点度等统计指标分析单层网络的拓扑性质，进而分析风险在单层网络中的扩散情况。龚书雯等（2018）研究了网贷平台网络的节点度等统计特征及风险传染机制。Thurner 等（2003）研究发现网络拓扑结构很大程度上决定了危机的蔓延情况。多层复杂网络整体结构方面，需拓展层与边测度指标。近几年，不少学者开始推广适合多层网络特点的拓扑性质指标体系，如 Nicosia 等（2014）对节点的重要性进行排序等问题。Sole（2015）给出了多层网络上特征向量中心性的衡量方法。Criado 等（2012）给出了多层网络路径长度的类似定义。在多层金融网络结构特征方面，Bargigli 等（2015）发现在意大利银行业多层网络中，不同层具有不同的拓扑性质，而且这些拓扑性质会有动态变化。通过分析多层复杂网络中的节点度、节点连接性、各层边的异质性等指标，研究了多层网络的风险传染机制（Musmeci 等，2017；Langfield 等，2014）。此外，Xu 等（2020）构建了多层复杂互联网金融网络，利用拓扑性质研究系统性风险发生的可能性。

现有研究通常关注互联网金融局部风险传染，通过在不同阈值下节点度的分布情况来研究局部互联网金融网络的无标度效应，这样的分析在仅对某一互联网金融细分业态是有效的，但缺陷是无法全面反映风险传染的原因与扩散路径。此外，将模型的节点进行同质化假设，并将参数设定为外生常量，导致研究结论偏离现实。

第二类中，金融风险传染和流行病传播之间有相似之处。Toivanen（2013）应用 SIR（Susceptible Infected Recovered，传染病模型）模型仿真银行同业拆借网络中的风险传染。胡志浩等（2017）在无标度金融网络的基础上，构建 SIRS（Susceptible Infected Recovered Susceptible，易受感染者的传染病模型）模型来模拟风险传染，并通过数值模拟的方法探讨危机救助策略。米传民等（2019）运用复杂网络方法构建互联网金融网络，建立具有潜伏期的 SEIS（Susceptible Exposed Infected Susceptible，带潜伏期的传染病模型）模型，并针对网贷行业进行实证研究。

2.6 互联网金融监管理论基础

互联网金融无疑是对我国金融业的一次革命，倒逼着金融体制改革，尤其近几年来，互联网金融监管问题逐渐上升为社会公共问题，主要包括互联网金融风险监管、互联网金融监管现状、互联网金融治理思想。

2.6.1 互联网金融风险监管

在互联网金融某类特殊风险监管方面，早在2000年，巴曙松指出应重点防控第三方支付机构资金池的形成及其引发的资金变现能力风险。王元月等（2003）针对网贷行业，认为法律法规不健全是风险主因，提出加强相关立法至关重要。裴久徵（2019）认为互联网金融创新业务存在法律灰色地带，并提出了风险防范的具体应对措施。在互联网金融市场风险监管方面，殷志勇等（2010）等主张政府监管部门应当建立适用性较强的信息技术能力标准和管控体系，作为互联网金融企业的一种准入门槛。何虹（2013）从声誉损失风险管理角度，指出构建高效的同行业监督系统是互联网金融市场实现与传统金融业一样平稳发展的必要条件。王一飞（2014）认为风险管理应该从理财产品发行和运营方，以及该类产品投入方的两方面进行控制。毛玲玲（2019）提出信息披露制度及技术标准制定方面尤其重要。郎慧苹（2019）基于互联网金融发展角度，分析当前发展中面临的信用风险等主要风险，并针对性地提出了相应监管对策。

2.6.2 互联网金融监管现状与治理思想

2013年开始，我国互联网金融监管研究集中出现，相关研究基本是放在金融监管大框架下进行。从微观到宏观层面，关于互联网金融监管的研究切入点很多。张晓朴（2014）认为对于互联网金融这样的新金融业态，监管部门应当坚持鼓励和规范并重。谢平等（2014）指出，应坚持监管促发展的理念。有些学者认为“管制型”监管模式不适用于互联网金融监管，管制型立法对互联网金融信用风险规制失灵。靳文辉（2017）提出，互联网金融的监管必须是富有弹性的回应型监管。法律监管与互联网金融市场内在要求存在脱节，金融监管部门进一步加强管控以增强监管威慑力，有可能产生反作用心理。彭冰（2018）总结我国互联网金融监管的三种模式：严格禁止、创新型监管、运动监管，且都表现出对金融创新的失灵与无效问题。一些学者提出了以互联网金融治理理念取代互联网金融监管理念。

20世纪80年代以来，“治理”广泛应用于各学科领域。李东荣（2016）

提出构建互联网金融风险治理体系，是推进国家金融治理体系及治理能力现代化的应有之义。许俊伟（2020）认为要实现新时代我国互联网金融的有效治理，必须优化发展路径，务必建立起央地双层金融规制体制。许多奇（2018）认为互联网金融具有网络性特征，治理体系要更加符合其长远的发展需要。许白玲（2020）分析政府监管模式失灵原因，认为主要是由于监管资源的不系统性，应强调多方协同监管。袁远（2019）认为互联网金融监管应充分设想多边协同方式，提出互联网金融治理体系的设想。邢会强（2017）构建了我国互联网金融治理生态体系。

2.7 对已有文献的评述

以上梳理了我国互联网金融核算、测度、复杂网络在金融风险传染中的应用及互联网金融监管这几个方面的文献，已有的研究为相关领域的进展提供了重要的理论基础和方法指引，但根据不同研究目的和侧重点，仍有进一步的拓展与改进空间，下面对已有研究进行借鉴与评述。

在互联网金融总量核算方面，相关研究尚在探索阶段，直接相关文献非常少。已有相关文献主要分为三类：一是微观层面上的互联网金融会计核算研究，二是互联网金融总量核算相关研究，三是互联网金融统计与评价研究。较少涉及宏观视角下互联网金融核算研究，更没有给出具体核算方法。基础数据缺失、编制互联网金融资产负债表的核算理论基础不完备，其主体、客体归属及分类、具体业务形式及金融资产分类、对互联网金融的金融资产分类、核算原则等方面的研究均尚未展开，我国互联网金融尚未建立完整的核算体系，总量核算也尚在探索阶段。

在中国互联网金融发展绩效方面，学术界对于互联网金融的讨论从未停止，由于数据基础的缺乏，尚没有专门的互联网金融绩效评价办法，很少专门地去建立互联网金融绩效评价指标体系，对互联网金融发展表现进行定量测度与分析。另外，基于《金融企业绩效评价办法》（财金〔2016〕35 号）的应用方法，还处于初步探索阶段，没有形成相应的理论与方法体系。

在互联网金融风险方面，现有研究主要集中于互联网金融风险种类、风险测量、向传统金融业的溢出效应等。但互联网金融风险具有二相性特征，其与传统金融机构间错综复杂的关联性，进一步使得互联网金融风险可能迅速波及、传染到整个金融市场。因此，互联网金融风险传染不仅涉及互联网金融内部风险传染，还涉及向传统金融业扩散。此外，互联网金融行业的风险监管政策如进入、退出准则，将直接影响互联网金融的法律等各类风险产生及风险传染的过程。互联网金融风险传染过程中表现的复杂性不容忽视。

多层复杂网络在互联网金融风险传染的应用方面，已有的关于互联网金融风险传染的研究尚处于刚刚起步阶段，通常利用单层复杂网络理论，以某一业态平台的局部互联网金融为对象，构建单层互联网金融网络。不能对互联网金融风险传染复杂系统的多属性关联问题进行有效解决。以互联网金融风险为对象，运用多层复杂网络技术研究现实互联网金融风险传染复杂系统的研究非常少。在互联网金融监管方面，治理思想取代监管思想已是大势所趋。

总的来说，互联网金融虽兴起于美国，但辉煌发展在中国，其缓解了我国金融市场中长期存在的金融抑制现象，在我国迅猛发展，是国内研究的热点问题。但由于互联网金融是新兴金融业态，相关研究尚在初步阶段，缺乏系统性。目前，互联网金融的核算理论基础不完备，尚未建立完整的核算体系，基础数据缺失，相关研究尚未展开。另外，虽有关于互联网金融概念及发展状况的研究与分析，但事实上能够通过建立测度指标体系，测度互联网金融发展绩效，至今较为成熟的研究成果还比较少。此外，已有的相关互联网金融网络处于探索阶段，集中于局部互联网金融网络，主要以某一业态平台的微观主体为研究对象，以平台为节点，以两平台之间的利率等相关关系构建“边”。至今从宏观上，以互联网金融风险为对象，运用多层复杂网络技术研究现实互联网金融风险传染复杂系统，研究整个金融市场中风险传导机制的文献较少。

鉴于此，本文基于货币视角，探讨中国互联网金融核算基本理论问题，对互联网金融的定义与边界、主体和客体、具体业务等形成基本认知，尝试对互联网金融总量进行核算。进一步从不同层次和角度深入研究互联网金融发展，通过构建互联网金融发展测度指标体系，采用熵权 TOPSIS 法，测度互联网发展绩效，在此基础上，基于改进的最优尺度回归方法，以 3 个互联网金融平台为例，找出不同细分业态互联网金融平台发展程度的主要微观影响因素，试图从经营者角度分析互联网金融企业的发展自我调节经营策略。然后，互联网金融发展过程中风险问题无法避免，进一步构建多层互联网金融网络，从不同层次与角度刻画从互联网金融风险诱因到向传统金融扩散再到风险规制的风险传染机理。

3 货币统计视角下中国互联网金融总量核算

互联网金融是新生事物，无论是对其进行理论研究还是实证研究，都应该基于对互联网金融是什么的系列基础理论探讨的基础上，探讨互联网金融基本统计理论，以达到对互联网金融本质的系统认知，同时也是后续进一步研究的基础。

2013年以来，我国互联网金融迅猛发展，且越来越具有系统重要性。互联网金融在迅猛发展的同时，风险问题、监管失效问题也日益突出，究其根本原因在于互联网金融统计游离于现行金融统计体系之外，存在着巨大的信息缺口。2018年4月，国务院办公厅发布的《关于全面推进金融业综合统计工作的意见》提出2020—2022年开展互联网金融机构统计。因此，加强互联网金融的统计监测工作，强化互联网金融统计基础理论研究，跟踪互联网金融发展研究状况迫在眉睫。

将互联网金融纳入国民经济核算范围，解决我国互联网金融核算盲点，目前还存在较大困难，需充分发挥“后发优势”。21世纪以来，经济合作与发展组织、国际货币基金组织等国际组织及美国等发达国家均对新经济测度做出了一定的探索。国际货币与金融统计体系是金融统计数据生产的最主要标准工具，最新修订成果为《货币金融统计手册与编制指南》（郭元绍，2017）。

鉴于此，本文借鉴国际货币与金融统计体系的货币统计框架，试图从货币统计视角提出互联网金融的统计定义，系统整理分析互联网金融的业务结构，编制部门资产负债表。采用虚拟化的方式，对互联网金融总量进行核算，通过互联网金融虚拟资产负债衡量其金融中介业务规模，反映其总体发展状况。后续做如下安排：第一部分基于货币统计视角提炼互联网金融定义，继而分析核算边界。第二部分进一步分析中国互联网金融的构成。一是明确核算主体在国际货币与金融统计体系中的类别归属；二是基于《国民经济行业分类》（GB/T 4754—2017），确定互联网金融的具体基层分类，并进一步分析各业态的具体业务实质、业务形式及业务流程，进而探讨核算客体，然后透过具体业务形式分析其核算客体，确定资产负债划分，探讨虚拟资产分类，为后续中国互联网金融部门资产负债表的设计奠定基础。第三部分基于国际货币与金融统计体系，进一步梳理核算客体及类别归属，基于互联网金融核算主体与核算客体，以及传统金融机构资产负债表，对资产负债表的编制原理与方法进行探讨，设计中国互联网金融部门资产负债表，为后续的互联网金融部门虚拟资产核算奠定基础。第四部分按业务形式采用先分项核算，再加总的办法，测算互联网金融第四种模式下的虚拟资产总量，利用互联网金融部门虚拟资产负债总量衡量互联网金融中介业务规模，一定程度上可以反映互联网金融总体发展水平。第五部分为结论。

3.1 中国互联网金融的定义与边界

互联网金融总量核算的步骤主要包括：界定互联网金融定义、互联网金融核算边界；筛选互联网金融具体业态及核算主体基层分类，继而确定具体业务及业务流程；确定核算客体及设计互联网金融部门资产负债表；确定互联网金融虚拟资产核算指标。上述几个步骤主要为构建互联网金融总量核算框架，其不仅对互联网金融总量核算具有重要的指导意义，也是本文后续发展绩效研究的理论基础。

本节将探讨互联网金融定义，并从核心功能、核心结果、核心主体三个维度来观察互联网金融，从货币统计视角探索其定义，继而分析本节定义的互联网金融核算边界即所涵盖的业态，为研究中国互联网金融的构成奠定基础。

3.1.1 中国互联网金融定义

由第二章已有文献可知，对互联网金融的内涵，理论界和业界目前尚存在诸多不同界定，但对其核心要素和基本属性的认识已经基本趋于统一。

2015 年 7 月，中国人民银行等十部委发布《关于促进互联网金融健康发展的指导意见》，对互联网金融做出官方定义。角度不同，侧重点不同，对互联网金融定义解读分为广义和狭义两派。谢平等（2014）学者从广义角度界定，认为互联网金融是具备互联网精神的金融业态系统，所有涉足互联网领域的金融业务都应被纳入，包括纯粹的互联网金融机构和传统金融机构深度互联网化，既包括传统金融产品的销售，也包括对传统金融业态改造的部分。吴晓求（2015）从狭义角度，认为互联网金融是金融的融资融通能力与互联网信息技术结合产生的创新金融模式，只应包括纯粹的互联网金融平台，具体包括互联网对金融的融资方式、支付方式、金融机构的组织形式进行再造产生新的金融业态。虽然研究的视角不完全相同，但都指出了互联网金融的本质。

总的来看，已有文献较少采用金融统计监测和金融稳定的宏观视角，并从货币统计的角度定义互联网金融。货币统计视角下的互联网金融定义，应该具有以下特点：一是可识别性，互联网金融应区别于非互联网金融。当前中国互联网金融的新兴业态不断出现，具体业态多样，尚没有权威的分类标准（王飞，2019）。互联网金融作为一种基于类似传统金融业分支发展而成的独立模式，与传统金融业往往存在业务的交叉领域，关联密切，这两者往往很难区别（吴晓求，2015）。从货币统计视角下定义互联网金融，是后续明确互联网金融的核算边界、核算主体，以及具体业务形式和构成等的理论前提。若互联网金融的定义不具有可识别性，则无法区别于非互联网金融。二是可观测性，在金融市场中由交易记录来反映。从货币统计视角下定义互联网金融，最终目的在于构建我国互联网金融统计标准体系，提及统计标准体系，最终少不了报表设计、数据统计（骆波，2017）。另外，在互联网金融核算中，包括存量与流量核算，必然会涉及交易记录原则问题。此外，交易记录的可观测性是互联网金融核算基础，若在货币统计视角下，互联网金融的定义不具有可观测性，互联网金融核算基础理论框架可能存在缺失。三是强制性，有法律保障，方便获取相应数据。目前，互联网金融企业对金融和消费大数据存在垄断。互联网金融核算离不开数据基础，只有在具有比较完备的互联网金融存量、流量数据基础的前提下，才可能最终实现互联网金融的存量、流量核算（聂富强等，2019）。四是规范性，有统计标准可依，数据质量有保证。要想核算我国互联网金融，数据收集方面的法律保障是不可缺少的，指导编制统一口径的互联网金融统计数据，使数据之间具有可比性是十分必要的。五是实用性，广义上的互联网金融涵盖范围广泛，包括传统金融业下的互联网业务，只发挥金融支持作用的互联网化业务，以及只发挥信息咨询渠道而不涉及金融交易的互联网业务等（谢平等，2014）。基于广义角度，虽然能涵盖所有范围，但是也会使得统计标准太过繁杂，反而不能突出重点，无法重点反映当前互联网金融领域的核算盲点。因此，从货币统计视角下定义互联网金融，应该既可以满足单纯反应互联网金融的需要，又可以满足全面反映金融交易的需要，为相应政策制定提供依据。

3.1.2 观察互联网金融的三个维度

为了提炼互联网金融货币统计定义，下面进一步从核心功能、核心结果、核心主体三个维度解析互联网金融的内涵。

第一个维度是互联网金融的核心功能，即支付手段、借贷手段和融资手段，这也是金融机构的基本核心功能。具体而言，与传统金融机构核心功能相似，互联网金融机构也可以从事支付、资金借贷，以及投资、融资业务活动。

第二个维度是互联网金融的核心结果，即为金融资源配置和支付清算提供第三方平台。三个手段的结果是利用互联网第三方平台改变传统金融的支付方式，降低传统银行资本运作中存在的交易成本和弱化信息不对称等问题，缓解小微企业融资难等长期存在的问题，完善金融资源配置。借贷、融资的增加并不为互联网金融机构创造货币，只是转移了货币。

第三个维度是互联网金融的核心主体，即为第三方互联网金融平台。第三方支付使支付清算实现了电子化，互联网支付不创造货币，但却充分发挥着货币的功能（杨涛等，2014）。第三方借贷平台和第三方融资平台依托信息技术，本质上是提供中介平台，有利于克服原有的信息不对称问题，第三方互联网金融平台在传统金融市场的基础上，提供了一个新的金融交易市场。

鉴于货币统计视角下的互联网金融的定义特点，以及互联网金融的三个维度，本文提出如下定义：我国互联网金融指除传统金融业务互联网化以外，不依赖传统的金融中介和市场，通过第三方平台提供投资、融资、借贷及支付清算等金融服务，并存在资金往来的全新金融创新模式。

3.1.3 互联网金融核算边界

根据文献评述的分析，互联网金融的定义有狭义与广义之分，已有文献并没有就其所应涵盖范围形成共识，互联网金融具体业态分类标准方面还存在分歧，但在将 P2P 网贷、众筹、第三方支付模式列入主要业态方面基本形成共识。对业务的梳理以罗列式为主，对业务主体、业务流程、资产负债表等核算基础理论并没有展开研究。

要核算互联网金融，务必厘清互联网金融的核算范围。从广义视角将互联网金融的业务类型分为五类（陈晓文，2019）。不同之处在于第二类、第三类、第四类所指有所不同。具体来说：第一类是传统金融互联网化。传统金融机构比如银行业，利用互联网信息技术优势，将其原有的金融服务等业务互联网化。第二类是互联网金融业务的新型金融机构。这是一种纯互联网无实体，将业务全部通过网上办理，如互联网银行、网络保险、网络证券等。第三类是电商平台进行的金融活动。若其拥有金融牌照，则可以进行资金融通等金融业务，如京东金融等。第四类是全新的互联网金融创新模式。吴晓求（2014）认为互联网金融是金融的融资融通能力与互联网信息技术结合产生的创新金融模式，涉及资金往来的第三方互联网平台开展的互联网金融活动，是纯粹的互联网金融平台。第五类是提供辅助业务的互联网平台。主要是为互联网金融活动提供信息咨询等辅助服务，如第三方征信平台及互联网金融门户，其本身不涉及资金往来（罗明雄，2013）。

本文定义只涵盖第四类，相对属于“狭义”的定义。不包括其他四类的原因：一是第一类模式是传统金融业的分支，只是把传统银行的所有业务操作照搬到互联网上，从建立开始就置于严格监管下，其通过互联网进行的中介业务与银行无异，统计反映体系较完整。二是第二类模式不包含在核算范围之内的原因和第一类类似，互联网平台只是作为交易工具而已。重点分析一下互联网银行不涵盖在本文核算范围的原因：其一，互联网银行为中国银行业开拓发展新模式（孙中东，2019）。只是把传统银行的所有业务操作照搬到互联网上，只是工具和渠道而已，与传统银行比有创新性，但也只是手段的延长，其业态并非颠覆性。其二，互联网银行等从建立开始就置于严格监管下，其通过互联网进行的中介业务与银行无异，统计反映体系较完整。互联网银行的融资数据是涵盖在对应的银行总量中的，只是没有单独陈列，可在“贷款”项下增设“互联网融资”项目，不是目前金融统计核算盲点。其三，2018 年 3 月，非银行支付机构网络支付清算平台规定：银行将不再为第三方支付提供代扣通道，这也是第四类模式与互联网银行的区别所在。其四，第三方支付平台作为辅助的三类平台，点多面广，风险大，监管难度大，业务异质性强，互联网金融统计体系亟须建立与完善这一模式。三是第三类模式即大型电商平台企业从事金融业务、大型电商平台企业掌握其金融业务交易数据，均是在中国人民银行的监测范围之内，且其金融业务在本质上与传统金融相同，可以借用现行的统计标准。四是第五类模式只是提供信息服务，只是辅助业务的互联网平台，实际并未涉足金融业务。总之，本文涵盖第四类，以解决现有核算盲点。

3.2 中国互联网金融的构成

要探讨互联网金融资产负债表及互联网金融总量，务必厘清中国互联网金融的构成。本节主要筛选互联网金融具体业态，先基于《国民经济行业分类》，确定互联网金融核算范围内的具体基层分类，再确定其具体分类的业务形式、形成要素、交易流程、服务收费等问题，进而分析其核算客体，确定资产负债划分，为后续中国互联网金融部门资产负债表奠定基础。

3.2.1 货币与金融统计视角的互联网金融核算主体类别归属

基于上述的互联网金融货币统计定义，从核心功能、核心结果来看，互联网金融为金融资源配置和支付清算提供了第三方平台。核心功能中三个手段的结果是利用互联网第三方平台改变传统金融的支付方式，降低传统银行资本运作中存在的交易成本和弱化信息不对称等问题，缓解小微企业融资难等长期存在的问题，完善金融资源配置。借贷、融资的增加并不为互联网金融机构创造货币，只是转移了货币。

从互联网金融的核算边界来看，相对属于“狭义”的定义，只涵盖第四种模式，即全新的互联网金融创新模式。根据支付、借贷和融资三个核心功能，互联网金融包括第三方平台，具体来说分为第三方支付、第三方借贷平台、第三方融资平台共三类核算主体。

互联网金融属于新兴金融业态，《中国国民经济核算体系（2016）》虽然作为扩展核算部分有讨论新经济的核算，但内容仅仅 3 页，尚处于框架初级阶段，也尚未正式将互联网金融纳入核算范围。目前，我国互联网金融核算存在盲点，总量核算还存在较大困难，需充分发挥“后发优势”，借鉴货币与金融统计的最新修订成果即《货币与金融统计手册及编制指南（2016）》。在货币统计视角下探讨互联网金融资产负债表及总量核算，务必先明确其在货币与金融统计框架下的类别归属，下一节才能进一步对互联网金融具体业务中的资产与负债进行分类。

（1）第三方支付平台类别归属

基于《国民账户体系2008》《货币与金融统计手册及编制指南（2016）》分类原则，分析第三方支付平台的归属问题。第一，属于金融性公司部门。原因在于《国民账户体系2008》对金融创新活动的公司归属有明确规定，第三方支付属于金融创新活动，应纳入金融机构范畴。第二，属于其他金融性公司部门。第三方支付平台从事的业务类似于传统银行业从事的支付业务，不同之处在于前者依托于互联网，但其本质为收款方和付款方提供交易桥梁及信息服务，自身为客户提供信用担保，其沉淀资金并不能划归于银行存款。因此，第三方支付平台可归属于非存款性金融机构（钟伟等，2010）。第三，属于金融辅助机构。《货币与金融统计手册及编制指南（2016）》指出若某机构部门主要从事电子支付服务，且不需要承担电子支付工具方面的责任，则可称之为金融辅助机构。第四，主要功能是提供支付手段，属于金融基础设施。

（2）第三方借贷平台类别归属

第三方借贷平台与第三方支付平台类似，应归属于金融辅助机构，只是进一步细分，其属于贷款经纪人范畴。第一，与第三方支付平台类似，与《国民账户体系2008》《货币与金融统计手册及编制指南（2016）》一致，将第三方借贷平台纳入金融机构范畴，归属在金融性公司部门下的金融辅助机构。第二，《货币与金融统计手册及编制指南（2016）》指出最常见的金融辅助机构类型有公共交易所、证券市场、清算所、经纪人和代理人、外汇公司或货币兑换处、金融衍生公司、保险和养老金辅助机构等。从发达经济体的互联网金融实践来看，第三方借贷平台属于经纪人，如美国、法国（Blundell－Wignall等，2012）。类似，将我国第三方借贷平台归属于贷款经纪人。

（3）第三方融资平台类别归属

与第三方支付平台、第三方借贷平台相似，第三方融资平台应归属金融辅助机构，是进一步细分的机构，其属于证券经纪人。从发达经济体的互联网金融实践来看，规定具有许可的第三方融资平台，监管也与第三方借贷平台类似，如英国。第三方融资平台类似于证券经纪人。

3.2.2 我国互联网金融的业务形式

由互联网金融核算边界分析可知，本文只涵盖第四类。上一节只是明确三类核算主体在货币与金融统计框架下的类别归属，但要对其具体业务中的资产与负债进行分类，尚存在难度。下面基于《国民经济行业分类》，对三方支付平台、第三方借贷平台和第三方融资平台三类核算主体进行基层行业分类，以便于找出三类主体的具体业务，进一步对三类主体具体业务的业务形式、金融服务模式和盈利方式进行分析，以明确具体业务的资产与负债，并进行分类，探讨核算客体。

在此之前，先要讨论三类核算主体的资产特点。第三方平台主体归属于金融辅助机构，主要涉及交易双方的资金划转及清算等资金往来活动，互联网金融交易只是借助平台进行，交易资金的所有权归属收、付款人。第三方借贷、第三方融资类似，总之，第三方平台均只起到资金的存管与中转作用，其本身并不拥有交易资金的所有权。但是传统统计中金融资产和负债是要求主体实际具有所有权，因此，在第三方平台上进行交易所产生的资产或者负债，本身分别属于交易者，也就是归于住户或者企业账户，在传统统计或者会计准则角度并不将在第三平台上进行交易的资金归入第三方平台，而是归入交易者名下。

从货币统计视角来看，对互联网金融企业而言，资产负债的所有权固然重要，但是资金监测也相当重要，第三方平台记录这些资产负债数据可以更好地反映这些互联网金融机构的资金融通作用。这些资金的交易数据在第三方平台是真实存在的，该如何在第三方平台记录这些借贷资金呢？可以通过改变交易流程，单位甲与乙之间进行直接交易，可能被记录为二者通过第三个单位丙进行。故第三方平台从事的互联网金融业务活动是借方和贷方的一笔交易，可将之记为两笔交易，即被记录为资产方先与第三方平台交易，再由第三方平台与负债方交易，而实际交易为资产方与负债方，这种交易称为虚拟交易，由此平台所产生的金融资产和负债称为虚拟资产与虚拟负债。在第三方平台上进行的这种业务交易可以通过虚拟交易的形式记录在其资产负债表内，这样有利于资金监测。

(1) 第三方支付业务形式及虚拟资产类型

基于《国民经济行业分类》《非金融机构支付服务管理办法》，对三方支付平台主体进行基层行业分类，便于找出三类主体的具体业务。

中国人民银行颁布的《非金融机构支付服务管理办法（2010）》，以及《国民经济行业分类》对非金融机构支付服务进行阐述。二者对互联网金融的基层分类基本相同，只是《国民经济行业分类》强调了第三方支付机构。《国民经济行业分类》中非金融机构支付服务属于金融业大类下的其他金融业分类中的子类（代码为 6930），具体分类如表 3－1 所示。

目前，市场上一般将其划分为第三方互联网支付和第三方移动支付。艾瑞咨询在《2019 年第三方支付行业报告》中指出：第三方互联网支付是由互联网支付与第三方支付两者交集形成。

表 3－1　非金融机构支付服务国民经济行业分类

代码	行业	具体分类
6930	非金融机构支付服务	网络支付 预付卡的发行与受理 中国人民银行批准的其他支付等服务

表 3－1 中，具体分类之间的市场规模如何？市场份额如何？从中国人民银行发布的第三方支付牌来看，第三方支付细分领域主要包括预付卡发行和受理、网络支付等。其中，互联网平台支付、移动支付市场与服务商的支付场景紧密联系，基本形成支付宝一家独大、财付通紧随其后的格局。据艾瑞咨询 2019 年第四季度数据显示，两者分别占据了市场的 55.1％和 38.9％，基本形成了垄断局面。

进一步分析具体业务的业务流程及金融服务的盈利方式，业务一般分为收单业务和支付业务，第三方支付就是在收款方和付款方之间提供一个资金流转的桥梁，流程如图 3－1 所示。

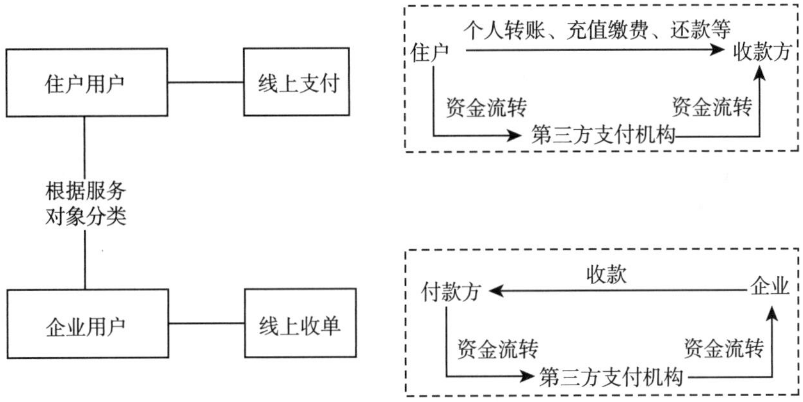

图 3－1　第三方支付的业务流程

注：作者根据艾瑞咨询网站的资料整理得出。

金融服务盈利方式方面，付款方向第三方支付机构支付手续费。收款方向第三方支付机构手续费、支付通道费、接入费等。

基于具体业务形式、流程、盈利方式，明确具体业务的虚拟资产与负债类型。第三方支付主要从事网络支付、银行卡收单、个人转账等业务。由前面的分析，基于主体金融辅助机构的特殊性，第三方支付业务交易活动记录时可进行交易改道，平台上借方和贷方的一笔交易可将之记为两笔，即被记录为资产方-平台之间的交易、平台-负债方之间进行交易，称这种交易为虚拟交易，由此第三方支付平台所产生的金融资产和负债称为虚拟资产与虚拟负债。

在货币与金融统计中，对金融资产负债的分类，贷款包括由其他金融中介机构等发放给各部门的所有贷款及垫款。第三方支付公司归属于金融辅助机构，如第三方支付公司的一笔互联网支付业务，涉及付款方预付给第三方支付一笔资金，可将其看成垫款。又由于此笔垫款的所有权不属于第三方公司，因此，这一笔业务交易所产生的相关资产和负债类型为虚拟贷款。综上，第三方支付的虚拟资产及负债，应属于金融虚拟资产-虚拟贷款。

（2）第三方借贷业务形式及虚拟资产类型

采取第三方支付类似的思路，基于《国民经济行业分类》，对第三方借贷进行基层行业分类，找出具体业务，进一步对其具体业务的业务形式、业务金融服务模式和获利方式进行分析，以明确具体业务的资产与负债，并进行分类，探讨核算客体。

第一，找出第三方借贷的具体业务。《国民经济行业分类》中网贷服务处于金融业大类中的非货币银行服务类下的分类目录中，具体分类如表 3-2 所示。

表 3-2　《国民经济行业分类》之网贷服务

代码	行业	具体分类
6637	网贷服务	互联网融资平台服务 在互联网平台出借人的活动 在互联网平台小额贷款公司的服务 在互联网平台借款人的活动

注：《国民经济行业分类》特别指出网贷服务不包括银行等机构利用互联网平台开展的借贷服务，应列入 662（货币银行服务）或 663（非货币银行服务）相关行业类别。

由表 3-2 可知，网贷服务包括 4 项服务活动。网贷服务主要参与者包括网贷平台服务、借款人活动、出借人活动及其他小额贷款服务公司，网贷平台负责协调资金的匹配（林爱南，2016）。其中，平台出借人的活动、平台借款人的活动最终归结为互联网融资平台及互联网平台小额贷款公司的服务，其他只是参与的主体。

第二，进一步分析具体业务的业务流程及金融服务产出的获取方式。网贷起源于P2P模式，即Peer to Peer，是出借人和借款人通过网贷平台直接建立借贷关系的一种模式。P2P网贷平台不仅规模上有较大影响，在现有的众多研究中，学者和业界基本均以互联网融资平台为网贷的主要代表业态，P2P网贷平台的具体业务流程如图3-2所示。

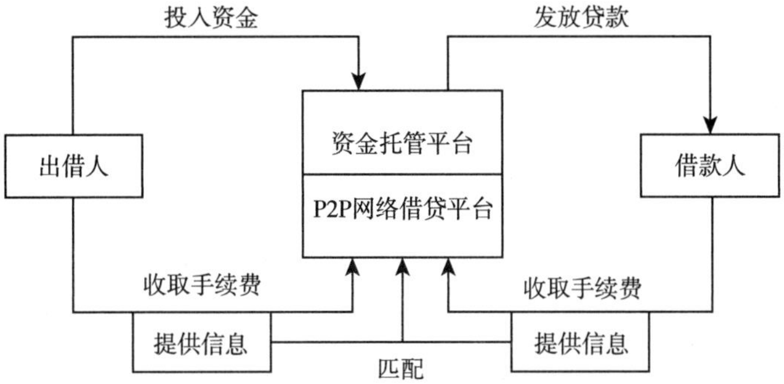

图3-2　第三方借贷的业务流程

盈利方式方面，P2P网贷平台收取融资人的约定利息及服务费，其中服务费一般包括注册费、充值、提现费、逾期管理费。平台往往不收取投资人的注册费，但也会收取充值、提现费。

第三，基于具体业务形式、流程等，明确P2P网贷平台具体业务的虚拟资产与负债类型。P2P网贷平台中客户资金应由银行管存，但平台掌握了交易活动中详细的资金流动信息。类似第三方支付平台，由前面的分析，基于主体金融辅助机构的特殊性，P2P网贷平台业务交易活动记录时可进行交易改道，平台上借方和贷方的一笔交易可将之记为两笔，即被记录为资产方先与平台交易，再由平台与负债方交易，称这种交易为虚拟交易，由此P2P网贷平台所产生的金融资产和负债称为虚拟资产与虚拟负债。平台在交易中充当信用中介，第三方借贷平台的虚拟资产及负债，应属于金融虚拟资产-虚拟信用贷款。

(3) 第三方融资业务形式及虚拟资产类型

第一，国家标准《国民经济行业分类》中，行业类别互联网科技创新平台

（代码为 6433）中指出众筹平台（网上募集资金）应列入其他非公开募集证券投资基金（代码为 6739）。其他非公开募集证券投资基金属于资本市场服务类下的分类目录中，包括基金投资类理财服务，具体分类如表 3-3 所示。

表 3-3　其他非公开募集证券投资国民经济行业分类

代码	行业	具体分类
6739	其他非公开募集证券投资	非公开募集证券投资基金 非公开募集股权投资基金 非公开募集房地产投资基金 非公开募集风险投资基金 非公开募集其他投资基金 其他私募基金 其他风险投资服务

2014 年 12 月，《私募股权众筹融资管理办法（试行）（征求意见稿）》给出了股权众筹平台的界定，规定在经营业务范围方面，其不得兼营 P2P 网贷或小额网络贷款业务。

第二，众筹平台有多种不同运营类型，我国众筹平台主要包括权益型和股权众筹。众筹行业还有公益型众筹如水滴筹等，通常并不以向拥有或控制它们的单位提供某种收入或利润为目的（至于是否获利则另当别论），决定其应归属于住户服务的非营利部门。

不同运营类型众筹平台的基本业务流程基本相似，如图 3-3 所示。国内外的众筹平台运行模式大同小异，但在佣金收取和资金发放模式方面存在一些区别。大致分为两种模式：一种是当项目启动，平台收取 5%的提成；另一种是当项目启动，则仅收取 4%的费用。但其若没达到融资目标仍然可以得到已筹得的资金，但需支付 9%的提成。我国众筹平台主要是第一种，且只有筹资人的佣金。

第三，基于具体业务形式、流程等，明确众筹平台具体业务的虚拟资产与负债类型。类似第三方支付及第三方借贷平台，众筹平台交易活动记录时可进行交易改道。众筹平台当一个项目筹资成功时，借方和贷方的一笔交易可将之记为两笔，即被记录为先由借方与众筹平台进行交易，再由众筹平台与贷方进行交易，称这种交易为虚拟交易，由此产生的金融资产称为虚拟资产。众筹平

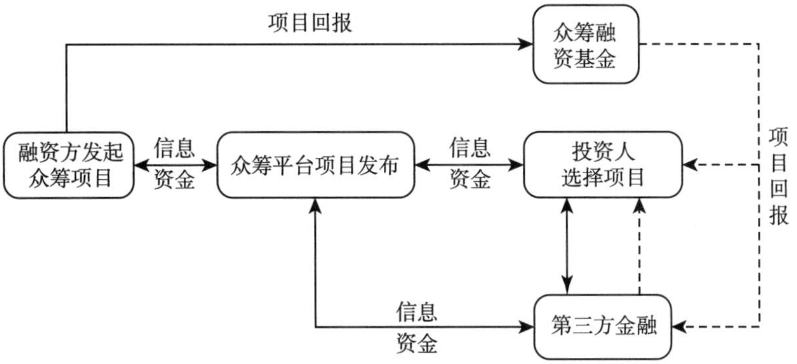

图 3-3 第三方融资的业务流程

台的虚拟资产应属于金融虚拟资产-虚拟股权投资，众筹平台的虚拟负债应属于金融虚拟负债-虚拟股权融资。

3.3 中国互联网金融部门虚拟资产负债

上一节基于具体业务类型视角，分析了互联网金融的虚拟资产、负债及类型。本节基于货币与金融统计视角，从部门角度进一步梳理互联网金融核算客体及其归属，给出中国互联网金融部门资产负债表，为后续的互联网金融的虚拟资产总量核算奠定基础。

在核算客体方面，互联网金融与货币统计既有相似之处，也有一定的差异。货币统计、互联网金融的核算客体分别是金融性公司部门、互联网金融部门的金融和非金融资产，以及负债所发生的存量与流量。货币与金融统计没有区分两者，主要原因是其核算的主体所从事的业务活动所发生的自有金融资产和负债占有很大比重，将两者区分开来意义不大。而互联网金融机构则与之不同，其主体即第三方平台的核心业务活动所产生的大量金融资产和负债不属于平台本身，而是以虚拟资产和负债的形式存在，互联网金融部门的金融资产应该区分为虚拟资产和自有资产来统计。互联网金融机构的自有资产及虚拟资产仍在货币统计的资产类型范围内，其中一般性的自有资产部分与货币统计的资产类型和分类一致，只要参照货币统计的一般做法即可，此处不再一一列出讨论。和上一节讨论一致，本章只讨论互联网金融部门虚拟资产及负债在货币与金融统计框架下的类别归属。

3.3.1 货币与金融统计视角的核算客体及类别归属

由上一节的分析可知，互联网金融是通过第三方平台向用户提供的支付、资金借贷和投融资等核心业务活动，相应地也会产生一部分金融总量。从观察互联网金融定义的三个维度及互联网金融的具体业务形式来讲，互联网金融不涉及货币的发行及信用的扩张，对其金融总量的核算体现在信贷总量上，其统计类型和范围仍属于《货币与金融统计手册及编制指南（2016）》中货币统计的客体范围内。

具体核算客体方面，货币统计的核算客体包括金融性公司部门的非金融资产及金融资产。互联网金融统计方面与之类似，且在货币统计及互联网金融统计中，理论上应该均包括存量、流量核算。通过上一节的分析可知，在第三方平台上进行交易产生的资产不属于平台，应归属于交易者，但是这部分交易是第三方支付的核心业务，而且这部分交易数据是在第三方平台上真实存在的，不记录这部分数据无法反映互联网金融资金融通情况，也不利于对互联网金融平台的资金监测。因此，在上一节中，根据《国民账户体系 2008》进行交易改道，将第三方支付平台上发生的一笔交易，虚拟成两笔交易，如把住户和企业之间的一笔交易，先记录成住户和第三方平台之间发生一笔交易，再记录成第三方平台和企业之间发生一笔交易。第三方平台通过虚拟交易获得虚拟资产与虚拟负债。由此可见，互联网金融统计与货币统计有相似之处，但在虚拟资产这一部分肯定存在差异性。具体来说，货币与金融统计并没有考虑虚拟资产这一部分，究其原因是其核算的主体所从事的业务活动所发生的自有金融资产和负债占有很大比重，将自有资产与虚拟资产区分开来意义不大。互联网金融统计则与之不同，第三方平台的核心业务活动所产生的大量金融资产和负债不属于平台本身，无论从资金监测，还是反映互联网机构的资金融通作用方面，都应该区分虚拟资产部分。

通过上一节的分析可知，互联网金融虚拟资产仍在货币统计的资产类型范围内，第三方支付的虚拟资产及负债，应属于金融虚拟资产-虚拟贷款。第三方借贷平台如 P2P 网贷平台的虚拟资产及负债，应属于金融虚拟资产-虚拟信用贷款。第三方融资平台如众筹平台的虚拟资产，应属于金融虚拟资产-虚拟股权投资；众筹平台的虚拟负债，应属于金融虚拟负债-虚拟股权融资。把每一类平台部门作为一个整体，对其资产负债表中的资产负债进行合并，得到三类平台部门的资产负债总量，第三方支付部门主要提供虚拟贷款，资产方和负债方均为虚拟贷款；第三方借贷平台部门如 P2P 网贷部门主要提供虚拟信贷，在资产方和负债方均为虚拟信贷；第三方融资平台如众筹部门主要提供虚拟股权，在资产方和负债方分别为虚拟股权投资、虚拟股权融资，具体如表 3－4 所示。互联网金融的金融资产分类仍大体沿用《货币与金融统计手册及编制指南（2016）》中金融资产分类方式，互联网金融的虚拟金融资产分类上，虚拟贷款对应《货币与金融统计手册及编制指南（2016）》中的贷款，虚拟股权对应《货币与金融统计手册及编制指南（2016）》中的股权。

表 3－4　货币统计与互联网金融核算的金融资产对照

《货币与金融统计手册及编制指南（2016）》中的金融资产分类	互联网金融的虚拟资产
货币黄金和特别提款权	
通货和存款	
债务性证券	
贷款	虚拟贷款
股权和投资基金份额	
股权	虚拟股权
投资基金份额	
保险、养老基金和标准化担保计划	
金融衍生工具和雇员股票期权	
其他应收/应付账款	

3.3.2　中国互联网金融部门虚拟资产负债表

参考《中国国民经济核算体系（2016）》中给出的表式，互联网金融核算与之不同的是涉及的虚拟资产及负债，现有资产负债表中这部分没有单独区分，故在原有表式的基础上，设计了虚拟资产的互联网金融资产负债表，在资产项目下增加虚拟资产的分类。虚拟资产反映的是互联网金融的核心业务。

根据表 3－4，虚拟资产主要分为虚拟贷款和虚拟股权，在本章中我们主要讨论核算互联网金融虚拟资产核算问题，具体如表 3－5 所示。

表 3-5　互联网金融部门虚拟资产负债表（亿元）

项目	余额	项目	余额
虚拟资产		虚拟负债	
虚拟存款		虚拟贷款	
虚拟股权投资		虚拟股权融资	
其他虚拟资产		其他虚拟负债	

3.4　中国互联网金融的总量核算

根据之前的分析，确定了互联网金融的三类核算主体及其在货币与金融统计框架下的归属类别，明确了互联网金融机构的核算客体及其在货币与金融统计框架下的归属类别，并设计了互联网金融部门的虚拟资产负债表。下面进一步研究互联网金融总量核算的核算思路、数据来源的问题，对互联网金融虚拟资产总量进行核算，并利用互联网金融部门的虚拟资产负债总量反映互联网金融机构的总体发展水平。

3.4.1　核算方法

提及利用互联网金融部门资产负债表进行虚拟资产总量核算，必须讨论流量与存量的关系。根据《国民账户体系 2008》，互联网金融的虚拟资产存量是反映互联网金融机构单位在某一个时点的虚拟资产及负债，互联网金融的虚拟资产流量是反映一定时期内的虚拟资产及负债的变化，两者不是相同的概念，但是两者存在一定的平衡关系，期初存量＋内净流入量＝期末存量。理论上，互联网金融资产负债表核算应该包括期初存量、期末存量，以及资产负债变动核算。但实际中基础数据难以获得，难以实现完整的互联网金融资产负债表核算。

(1) 核算思路

总核算思路是采用 3.2 节中的业务形式分项测算，再加总的方法。虚拟资产反映互联网金融平台核心业务，应测算虚拟资产与负债部分。根据表 3-5 先测算第三方支付平台、第三方借贷平台和第三方融资平台的虚拟资产，再加总得到互联网金融的虚拟资产总量。

(2) 数据来源与替代指标

在 3.2 节中，将互联网金融的核算主体分为第三方支付、第三方借贷、第三方融资平台三大类，进而讨论其核算客体。下面对这三类核算主体的数据来源进行说明：第一，第三方支付平台方面，数据主要来源于艾瑞咨询发布的《中国第三方支付行业数据发布》，其一般公布季度数据，2019 年的数据发布中会公布交易规模数据，交易规模虽然不是存量，但是能反映第三方支付平台在季度内的虚拟资产存量变动情况，从资金监测角度来说也是很重要的。第二，第三方借贷平台相关数据主要来源于网贷之家，月度数据最新更新至 2019 年 12 月，网贷之家提供的数据有成交量、待还余额、资金净流入等，其中，成交量和交易规模是流量数据，资金净流入也是流量数据，但根据交易改道的想法，资金净流入会损失更多的交易信息，不利于完全进行资金监测。《2018 年第三季度 P2P 网贷行业报告》指出待还余额是存量数据，一定程度上能反映虚拟资产与负债，但是根据交易改道和产生虚拟交易的记录方式，待还余额、虚拟资产及负债还是有差距，而且为了和第三方借贷平台、第三方融资平台最后加总的一致性，在这里仍然采用交易量的数据，并且需要把月度数据转化为季度数据。第三，第三方融资平台方面，根据众筹家发布的《中国众筹行业发展月报》，其按月度公布，2019 年的月度数据中缺少 4、7、11 月的数据，但是交易量可以从前一个月的月报中找到，和其他两类主体类似，第三方融资平台使用交易额数据测算虚拟资产，并且需要把月度数据转化为季度数据。

3.4.2 互联网金融虚拟资产核算结果

(1) 第三方支付的虚拟资产

由 3.3.2 节可知，第三方支付的虚拟资产主要可以理解为虚拟贷款，负债端对应虚拟贷款，第三方支付分为第三方移动支付、第三方互联网支付。根据艾瑞咨询发布的第三方支付 2019 年的季度数据核算出虚拟资产，如表 3-6 所示。

表 3-6 2019 年季度第三方支付虚拟资产负债表（亿元）

季度	第三方移动支付		第三方互联网支付		第三方支付合计	
	虚拟贷款（借）	虚拟贷款（贷）	虚拟贷款（借）	虚拟贷款（贷）	虚拟贷款（借）	虚拟贷款（贷）
2019Q1	134.0	134.0	6.6	6.6	140.6	140.6
2019Q2	146.6	146.6	6.3	6.3	152.9	152.9

（续）

季度	第三方移动支付		第三方互联网支付		第三方支付合计	
	虚拟贷款（借）	虚拟贷款（贷）	虚拟贷款（借）	虚拟贷款（贷）	虚拟贷款（借）	虚拟贷款（贷）
2019Q3	156.4	156.4	6.1	6.1	162.5	162.5
2019Q4	168.0	168.0	25.0	25.0	193.0	193.0

(2) 第三方借贷的虚拟资产

由3.3.2节可知，第三方借贷的虚拟资产主要理解为虚拟信用贷款及负债端对应的虚拟信用贷款。根据表3-2可知，第三方借贷产生现金流的主要是P2P网贷。网贷之家公布的P2P网贷2019年1月至12月的月度数据，如表3-7所示。

表3-7 2019年P2P网贷月度数据

日期（月-日）	成交量（亿元）	综合参考收益率（%）	平均借款期限（月）	待还余额（亿元）	资金净流入（亿元）
1-19	1037.07	10.12	15.5	7645.82	−243.83
2-19	959.63	9.94	15.31	7514.93	−130.88
3-19	1003.28	9.79	15.48	7334.96	−179.96
4-19	937.74	10.26	15.75	7175.92	−159.04
5-19	930.03	10.08	15.66	7002.35	−173.57
6-19	893.81	9.99	15.53	6871.20	−131.15
7-19	900.28	10.02	15.64	6669.94	−201.26
8-19	780.46	9.83	15.28	6428.79	−241.15
9-19	697.42	9.67	14.92	6099.48	−329.31
10-19	570.27	9.49	14.5	5892.69	−206.79
11-19	506.23	9.38	15.38	5408.28	−484.41
12-19	428.89	9.46	15.71	4915.91	−492.37

进一步根据表3-7的数据如成交量、待还余额、资金净流入等，根据《国民账户体系2008》交易改道的想法，使用资金净流入，会损失更多的交易信息。待还余额是存量数据，也在一定程度上能反应虚拟资产与负债，但是根据交易改道，产生虚拟交易的记录方式，待还余额与虚拟资产及负债还是有差距的，为了使得与第三方借贷平台、第三方融资平台最后加总的一致性，仍然

采用交易量的数据，核算第三方借贷2019年的季度虚拟资产，并转化为季度数据，如表3-8所示。

表3-8 2019年季度第三方借贷虚拟资产负债（亿元）

季度	虚拟信用贷款（借）	虚拟信用贷款（贷）
2019Q1	131 638	131 638
2019Q2	132 002	132 002
2019Q3	132 186	132 186
2019Q4	132 461	132 461

(3) 第三方融资的虚拟资产

由3.3.2节可知，第三方融资的虚拟资产主要理解为虚拟股权，在资产方和负债方分别为虚拟股权投资、虚拟股权融资。第三方融资平台主要为众筹平台。《中国众筹行业发展报告2018（上）》中进一步指出股权型平台数量最多（占比31.87%），权益型平台次之，因此只统计股权型和权益型两类平台的融资额。根据众筹家公布的《中国众筹行业月报》2019年1月至12月的月度数据，加总方法得到虚拟资产的总融资额，如表3-9所示。

表3-9 2019年众筹行业月度数据（亿元）

日期（月-日）	股权型融资额	权益型融资额	总融资额
1-19	0.26	3.50	3.76
2-19	0.09	1.33	1.42
3-19	0.15	1.96	2.11
4-19	0.08	2.62	2.70
5-19	0.43	2.44	2.87
6-19	0.93	3.43	4.36
7-19	0.04	2.53	2.57
8-19	0.22	2.51	2.73
9-19	0.93	3.94	4.87
10-19	0.03	4.40	4.43
11-19	0.16	3.30	3.46
12-19	0.83	1.58	2.41

注：2019年的月度数据中缺少4、7、11月的数据，但可从前一个月的月报中得到。

进一步根据表 3－9，使用总融资额数据测算众筹行业虚拟资产，并转化为季度数据，则可核算出第三方融资 2019 年的季度虚拟资产及负债，如表 3－10 所示。

表 3－10　2019 年众筹行业季度虚拟资产负债（亿元）

季度	虚拟股权投资	虚拟股权融资
2019Q1	55.4	55.4
2019Q2	55.0	55.0
2019Q3	56.0	56.0
2019Q4	59.8	59.8

（4）互联网金融的虚拟资产测算

将表 3－6、表 3－8、表 3－10 进行加总，可得到互联网金融部门虚拟资产总量，如表 3－11 所示。

表 3－11　2019 年互联网金融季度虚拟资产负债（亿元）

季度	虚拟资产	虚拟负债
2019Q1	131 778.6	131 778.6
2019Q2	132 154.9	132 154.9
2019Q3	132 348.5	132 348.5
2019Q4	132 654.0	132 654.0

核算结果如下：2019 年第三方支付的季度虚拟贷款额分别为 140.6 亿元、152.9 亿元、162.5 亿元、193.0 亿元，2019 年第三方借贷的季度虚拟信用贷款额分别为 131 638 亿元、132 002 亿元、132 186 亿元、132 461 亿元，第三方融资 2019 年的季度虚拟股权投资分别为 55.4 亿元、55.0 亿元、56.0 亿元、59.8 亿元，2019 年互联网金融季度虚拟资产分别为 131 778.6 亿元、132 154.9亿元、132 348.5 亿元、132 654.0 亿元。

3.5　本章小结

本章通过货币与金融统计体系中货币统计核算特点、要素范畴和核算方法的阐述，尝试对我国互联网金融的虚拟资产总量进行核算，主要结论如下：

第一，基于货币统计视角给出互联网金融货币统计定义，并从核心功能、核心结果、核心主体三个维度来观察定义，继而分析本文的核算边界，只涵盖第四类，全新的互联网金融创新模式包括第三方借贷、第三方融资、第三方支付平台，属于相对“狭义”的定义。

第二，梳理核算主体在货币与金融统计体系中的类别归属、具体业务形式和虚拟资产分类。其一，三类核算主体均归属于其他金融性公司部门下面的金融辅助机构。其二，基于《国民经济行业分类》（GB/T 4754—2017）分析各业态的基层分类。其三，进一步分析各基层分类的具体业务实质与业务形式、业务流程，探讨各代表业态的核算客体，提出用虚拟资产及虚拟负债来分析互联网金融的资产端及负债端。具体来说，第三方支付的资产方为虚拟贷款；第三方借贷主要提供虚拟信贷，资产方和负债方均为虚拟信贷；第三方融资平台主要提供虚拟股权，在资产方和负债方分别为虚拟股权投资、虚拟股权融资。

第三，货币与金融统计视角下，第三方平台三类主体归属于金融辅助机构。其中，虚拟资产反映互联网金融平台核心金融业务，主要核算虚拟资产部分。总的来说，先对第三方借贷、第三方融资、第三方支付部门分项核算虚拟资产，再加总核算出我国互联网金融部门的虚拟资产总量。

第四，提出了借助虚拟资产和负债来衡量其中介金融业务规模，进而实现利用部门资产和负债总量核算结果来反映互联网金融的总体发展状况。总体来说，2019 年第三方支付、第三方借贷、第三方融资的季度中介金融业务规模均逐渐增大，第三方支付平台的虚拟资产从第一季度的 140.6 亿元增至第四季度的 193.0 亿元，增加额度约为 52.4 亿元；第三方借贷的虚拟资产从第一季度的 131 638 亿元增至第四季度的 132 461 亿元，增加额度约为 823 亿元；第三方融资的虚拟资产从第一季度的 55.4 亿元增至第四季度的 59.8 亿元，增加额度约为 4.4 亿元。整个互联网金融虚拟资产从第一季度到第四季度的增加额度约为 879.8 亿元。2019 年第四季度，第三方借贷在整个互联网金融的虚拟资产占比达 90%以上，增加额度占比约 94%，从中介金融业务规模来看，第三方借贷在互联网金融发展中具有重要地位。

4 中国互联网金融发展绩效测度

第三章对互联网金融本质的系统性认知进行了探讨，是后期研究的基础，还提出了借助虚拟资产和负债来衡量其中介金融业务规模，能够在一定程度上反映互联网金融的总体发展水平。但基于基础数据的原因，互联网金融总量只是反映其中介金融业务规模。虽在一定程度上可反映其总体发展水平，但难以反映其发展中内在各层次的数量关系。

互联网金融产生以来，越来越具有系统重要性，互联网金融稳健发展被高度重视，曾 5 次被政府工作报告提及。目前我国互联网金融发展的成效究竟如何，目前尚无统一的评价指标体系作为衡量标准。发展视角下构建互联网金融绩效评价指标体系，有利于推动统一绩效评价标准的出台实施，有利于提出针对互联网金融行业稳健发展的具体建议。

本章基于企业绩效评价理论，继续讨论互联网金融行业发展水平问题，从不同层次与角度测度了互联网思想下创新金融业态的发展绩效，系统分析了互联网金融行业的发展状况。第一，要测度互联网金融发展绩效，互联网金融的基本概念及具体业态分类是基础前提，这部分在第三章已经进行探讨。本章研究主体与对应的具体业态与第三章一致。第二，基于第三章可知，互联网金融归属于金融机构，其发展绩效评价办法必然与金融企业及一般企业的绩效评价办法之间存在内恰。互联网金融的发展动因在于技术创新与风险管理，其风险大、管理差更是常常提及的话题。因此，在互联网金融绩效指标体系中，除了考虑经营绩效，还应考虑管理绩效。本章主要遵循全面性、系统性、科学性、可测性、重点性、动态性 6 类评价指标设计原则，构建互联网金融发展绩效测度指标体系。然后，使用 TOPSIS 方法，采用熵权赋权法对其进行改进，并以权威第三方网站对互联网金融发展的评价作为参照，反复调试模型，最终实现发展绩效测度。最后，为了研究模型权重及结果的稳健性，使用变异系数赋权改进 TOPSIS 方法，将其实证结果与熵权 TOPSIS 结果进行比较分析。

4.1 互联网金融发展绩效评价指标体系

目前，我国没有专门针对互联网金融企业的绩效评价办法，因此需要参考与借鉴现有绩效评价理论或办法，才能构建其发展绩效评价指标体系。

4.1.1 互联网金融发展绩效评价指标的借鉴

在一般企业的绩效方面，我国绩效评价的发展越来越与国际接轨。但早期，企业绩效评价多是以财务评价为主，如盈利状况、运营效率、成长状况、资金流动性等，体现企业的盈利性。20 世纪 90 年代，企业环境愈来愈复杂，单一的财务指标不能满足企业发展的要求，企业绩效评价慢慢向非财务指标迈进，逐渐发展成为全面的综合绩效评价体系。

通过第二章的文献分析，发现较少研究会建立一个比较完整的绩效评价体系，大部分是有些孤立的见解。互联网金融是金融发展过程产生的新兴事物，发展时间不长，要想构建其绩效评价指标体系，借鉴是相当重要的。本文先基于一般企业、金融企业绩效评价理论的共性特征，找寻比较相近的绩效评价指标体系，以此作为借鉴，借以完善本文的绩效评价体系。

在互联网金融发展绩效评价指标的参考与借鉴方面，本文主要借鉴四大类，第一类是由权威机构发布的各种绩效评价办法，第二类是相关专家及学者的相关研究，第三类是经营绩效指标，第四类是管理绩效指标。第一类方面，一般企业绩效评价和金融企业绩效评价办法对互联网金融的发展绩效测度有一定的借鉴性。根据第三章，互联网金融归属于金融机构公司，相较于一般企业，其与金融企业更加相似，而 P2P 网贷行业与商业银行并无差异，并且互联网金融行业风险是不可回避的问题，故主要参考 2005 年的《商业银行风险预警操作指引（试行）》、2006 年的《中央企业综合评价实施细则》、2016 年的《金融企业绩效评价办法（修订）》。第二类方面，主要是朱晓旸（2014）基于多重目标角度，构建了我国国有企业的绩效评价体系，以及路紫萌（2017）对我国互联网金融平台的绩效进行了测度。本文借鉴路紫萌（2017）的研究思路，主要以一般企业和金融企业绩效评价办法为参考，结合互联网金融发展的内在动因，构建互联网金融发展绩效测度体系。不同点在于其针对互联网金融的具体业态，分别构建发展绩效指标体系，而本文基于互联网金融平台整体构建发展绩效评价指标体系，有利于不同类平台间的发展绩效评价结果具有一定的可比性。第三类方面，经营绩效指标主要是指财务状况，主要体现在盈利、偿债、成长能力、运营效率这几类指标上。第四类方面，即管理绩效方面，互联网金融平台本质上是以盈利为目的的企业，经营绩效仍是其生存与发展的本质，但就互联网金融发展内涵而言，风险管理依然是其发展的核心问题。由此可见，互联网金融的发展绩效不仅取决于经营绩效，更取决于风险管理绩效。

除了参考和借鉴之外，互联网金融是创新企业，其发展源自创新，只借鉴也是不合理的，需要在传统绩效评价的基础上加以完善，才能更好地反映互联网金融企业的发展状况，主要有以下几点：第一，互联网金融发展绩效指的是评价其发展过程中的表现与成效，互联网金融在发展过程面临的最大挑战是风险问题，因此其发展绩效评价必须考虑风险控制能力。第二，我国互联网金融还在发展初期，就整个市场来说，主体资质不高、服务质量有待提升，评价指标体系中应考虑这两点。第三，互联网运营能力在目前绩效评价体系中没有得到体现，但是互联网金融对互联网有很强的依赖性，某种程度上可以说取决于互联网能否正常运行，也决定了互联网金融的未来发展状况（杨卫平等，2016）。

4.1.2 互联网金融发展绩效评价指标体系构建

一般企业绩效评价办法认为企业绩效不仅包含经营绩效，还应该包括管理绩效，从经营绩效和管理绩效两个方面建立两个子系统。本文将以此为基本框架，进一步归纳借鉴前人的研究成果，以目前的金融企业绩效评价理论和综合评价理论为基础，遵循全面性、系统性等原则，梳理并构建一套符合我国互联网金融平台特点的发展绩效综合评价指标体系。

（1）评价指标设计原则

构建评价指标体系是绩效评价的关键，对于互联网金融而言，其发展绩效指标应遵循以下原则进行设计。

全面性：从整体角度来看，务必要将互联网金融发展绩效的各种重要决定因素全面纳入评价指标体系之内，应该抓住主要因素。评价指标体系应具有层次清楚、结构合理的特点，可反映互联网金融企业各层级之间的发展状况，且相互之间协调一致。指标应该是既能反映互联网金融企业的经营业绩，又能反映其管理业绩。

系统性：互联网金融发展绩效评价指标体系作为一个综合的评价体系，各评价指标之间，以及发展绩效评价目标与具体指标之间有机结合在一起，评价体系应该内部逻辑既清晰又合理，形成一个不可分割的评价体系，从而保证数据具有可比性。

科学性：基于严谨的科学依据基础，所构建指标体系应该能够科学地反映出评价目标的真实情况。评价结果应该与实际的绩效水平相符合，这样才能对互联网金融企业的稳健发展及发展绩效管理提供合理的参考。

可测性：可测性指互联网金融企业发展评价指标应该是可以具体量化的，所建立的绩效评价指标体系不是仅仅停留在理论层面，应该是企业可实现具体操作执行的。因此，指标体系中的概念需明确，数据可获得、具体指标的计算方法较为简单等。

重点性：选取互联网金融企业发展绩效评价指标时，不可能事无巨细，不应该简单地一并罗列多项指标。在具体评价指标选择时，指标数量需要尽可能地精简，应该筛选与互联网金融的发展具有密切关联的评价指标。

动态性：互联网金融企业发展绩效评价不应该是仅仅评价过去某一个时刻的企业发展状况，应该是能对目前状况进行及时评价。评价指标体系应该选取一些能够反映出互联网金融企业长期发展特征的指标。动与静相结合才能实现互联网金融企业间的纵向比较。

（2）互联网金融发展绩效评价指标体系构建依据

要想对互联网金融企业的发展绩效进行全面评价，从理论上讲，应当从企业的财务数据和非财务数据出发。但是互联网金融属于新型金融业态，其财务数据和非财务数据均很难获得。因此，目前对财务数据和非财务数据的评价角度往往只能停留在理论上。而互联网金融发展动力在于交易成本低、运营效率高、覆盖范围大，其缺点主要是内部管理差、金融风险大、监管机制缺失。发展视角下的核心问题依然是技术创新与风险管理（聂富强等，2019）。因此，在评价互联网金融发展绩效时，考虑经营绩效的同时，还需考虑管理绩效，与一般企业绩效评价办法不谋而合。基于上述原因，在下文对国内互联网金融企业的发展绩效进行的综合评价中，所选择的评价指标将不仅限于经营业绩指标，还含有管理业绩指标。

在经营绩效子系统方面，企业经营绩效离不开财务管理，根据现代企业财务管理理论，主要设立两个准则层，分别从盈利性和运营性两个方面来考察互联网金融企业服务项目对其经营状况的影响。盈利性方面：企业绩效主要用财务指标如净资产收益率等来反映。但互联网金融企业数据基础比较弱，并且具有第三方平台的特点，由上一章可知，互联网金融采用虚拟化的方式，利用虚拟资产负债来衡量其中介金融业务规模，净资产收益率等财务指标的相关数据不易获得。网贷之家提供的 P2P 网贷平台数据中，包含资金净流入等，但其依然是反映互联网中介金融业务情况的，并非反映 P2P 网贷平台自身盈利情况的财务指标，第三方支付平台及众筹平台无法获取资金净流入的数据，若选择这一指标作为盈利能力的具体量化指标，会导致不同类平台之间的指标不满足可比性。成交量能反映一定时间内互联网金融企业实现的规模，能间接反映盈利能力。该指标能够反映互联网金融企业的经济效益（杨潇，2016）。三类具体业态平台均可以获得成交量的数据，故在此选择成交量为盈利能力的具体测度指标之一；类似地，偿债能力指标对企业的融资成本会有较大的影响，企业绩效中主要用资产负债率等指标来反映偿债能力指标，也存在数据获取问题。偿债能力可以反映互联网金融企业的融资渠道及方式、财务风险等。互联网金融平台的偿债能力越强，流动性也就越强，从短期上来讲，会对其融资渠道及短期利润产生较大影响。从长期来看，互联网金融平台的偿债能力越强，既是风险控制的第一道防火墙，更是盈利能力长期稳定的可靠保证，可以用待还余额等指标具体量化。运营性方面：互联网运营能力指互联网金融企业的经营依赖于为客户提供满意的服务，可用在线客服时长、登录方式及网页登录速度来反映。服务范围在一定程度上反映企业战略决策者的眼光，也能反映平台的创新能力，如第三方支付市场竞争日益激烈，二三线城市的用户争夺在竞争格局中起很大的作用。第三方借贷平台的服务范围则指的是其业务创新，如借款标数、借款标的分散情况（杨光，2015）。互联网金融借助于互联网网站或者平台，无法当面交流，平台或网站的投诉处理能力很大程度上反映其服务质量及服务能力，可用如平均投诉处理时间、处理成功数来反映（路紫萌，2017）。

在管理绩效子系统方面，主要设立三个准则层，分别从行业影响力、战略管理、安全性三个方面来考察互联网金融企业服务项目对其管理状况的影响。行业影响力方面：互联金融具有媒体属性，存在马太效应，富者更富，平台品牌知名度能够反映互联网金融企业的公信影响力，反映该企业的管理能力（Guo 等，2015）；平台人气反映其用户规模，能反映平台用户量，反映互联网金融企业的市场竞争力。战略管理方面：平台资源整合能力主要考察该企业的战略及目标，由互联网金融企业市场份额表征（宋婵蓉等，2011）。安全性方面，主要是互联网金融企业风险控制能力。在第二章中专门讨论过互联网金融风险，分别从信用性风险、操作性风险、法律性风险三个方面来衡量（余来文等，2015；吴晓求，2015）。通过采用网贷之家、众筹家等的积分来量化，其中信用性风险对应合规性积分、操作性风险对应技术安全积分、法律性风险对应网络曝光度进行量化（路紫萌，2017）。

通过上述分析，最终构建了中国互联网金融发展绩效评价指标体系，详见表 4-1。

表 4-1 互联网金融平台发展绩效评价指标体系

目标层	子系统	准则层	具体测度指标
互联网金融平台发展绩效	经营绩效	盈利能力	成交量
			偿债能力
		运营能力	投诉处理能力
			互联网运营能力
			平台服务范围
	管理绩效	行业影响力	品牌知名度
			平台人气
		战略管理	资源整合能力
		风险控制能力	信用性风险
			操作性风险
			法律性风险

4.2 互联网金融发展测度方法

TOPSIS 法是一种用于解决多目标决策问题的方法。一是其兼具整体及局部评价的优点，既可用于企业内的纵向对比，也可用于企业间的横向对比评价。对本文而言，其可用于测度单个互联网金融平台、某个细分业态、整个互联网金融行业的发展绩效，有助于系统地反映互联网金融行业发展水平。二是，TOPSIS法具有普遍适用性，可以克服选用指标的差异过小造成的分析困难问题，还可以克服评价指标样本质量不高及样本量少的数据问题。互联网金融企业发展绩效研究中，存在数据获取困难等难点问题。

4.2.1 TOPSIS法

TOPSIS法由Yoon和Wang于1981年首次提出，可揭示互联网金融结构及其相互间关系下的各层次数量表现，有助于克服互联网金融绩效评价中的数据质量不高的问题。常常又被称为“优劣解距离法”，需要找到各指标的“最优解点”和“最劣解点”，对应分别为“最优理想状态”和“最差理想状态”。TOPSIS模型是一种综合评价法，其使用评价对象到这两个最优解点、最劣解点间的距离作为评定标准，具体步骤如下：

第一，数据归一化处理。指标可以分为高优与低优两类，这两类指标不具有可比性，运用极差法对其进行标准化，使其成为可比的实际评价值。

$$f_{ij}=\frac{r_{ij}-\min\limits_{j} r_{ij}}{\max\limits_{j} r_{ij}-\min\limits_{j} r_{ij}}(i\in[1,m],j\in I_1) \tag{4-1}$$

$$f_{ij}=\frac{\max\limits_{j} r_{ij}-r_{ij}}{\max\limits_{j} r_{ij}-\min\limits_{j} r_{ij}}(i\in[1,m],j\in I_2) \tag{4-2}$$

式（4-1）、（4-2）中，r_{ij}表示第i个平台第j个具体测度指标的数值（$i=1$，…，m；$j=1$，…，n）。将$\max\limits_{j} r_{ij}$和$\min\limits_{j} r_{ij}$称为第i个平台下j指标中的最优理想状态、最差理想状态，I_1为高优指标，I_2为低优指标，得到评价指标归一化矩阵$F=(f_{ij})_{m\times n}$且$f_{ij}\in[0,1]$。

第二，根据归一化矩阵，确定评价对象的最优理想状态y^+和最差理想状态y^-。

$$y^+=(y_1^+,y_2^+,\cdots,y_n^+)^{\mathrm{T}} \tag{4-3}$$

式（4-3）中，$y_i^+=\max\{f_{ij}\mid i=1,\cdots,m;j=1,\cdots,n\}$。

$$y^-=(y_1^-,y_2^-,\cdots,y_n^-)^{\mathrm{T}} \tag{4-4}$$

式（4-4）中，$y_i^-=\min\{f_{ij}\mid i=1,\cdots,m;j=1,\cdots,n\}$。

第三，计算各个评价对象与最优理想状态、最差理想状态之间的距离，可为欧式距离，即

$$d_i^+=\sqrt{\sum_{j=1}^{n}(f_{ij}-y^+)^2},d_i^-=\sqrt{\sum_{j=1}^{n}(f_{ij}-y^-)^2} \tag{4-5}$$

式（4－5）中，$i=1, 2, \cdots, m$，$0\leqslant d_i^+\leqslant 1$，$0\leqslant d_i^-\leqslant 1$。

第四，排序指标为

$$D_i = \frac{d_i^+}{(d_i^+ + d_i^-)} \tag{4-6}$$

式（4－6）中，$0\leqslant D_i\leqslant 1$，$D_i$ 为各互联网金融的绩效综合评价得分，D_i 越大则互联网金融绩效评价对应的平台其发展越充分。

4.2.2 TOPSIS 模型的优化

传统 TOPSIS 方法的局限性在于其各个评价指标赋予相同的权重，导致指标的相对重要性无法体现。权重赋权分为主观和客观赋权法这两大类，客观赋权解决了人为主观因素，在很大程度上决定了指标所赋权重的问题，可以避免主观性，消除主观性对评价结论造成的影响，主要有熵权法、变异系数法、多元统计评价法、人工神经网络法等。其中，变异系数法可能无法避免因选用指标的差异过小造成的分析困难；多元统计评价法需要大样本，互联网金融数据获取困难，样本量较小，导致效果不好；人工神经网络综合评价方法容易陷入极小点，容易导致赋权的权重不稳定。

本文首先采用熵权法，对以传统 TOPSIS 法为基础的互联网金融发展绩效评价模型进行优化（田秀杰等，2018）。其次，人工神经网络法赋权不太稳定，本文实证中，权重是一个重要的分析指标；多元统计评价法赋权需要大样本，本文数据的样本量不够。因此，进一步采用经典的变异系数法对其进行赋权改进，采用变异系数法即 TOPSIS 法计算不同权重向量下的接近度，并对接近度及排序的不同结果进行分析（许传西，2015）。

（1）熵权法

Shannon（1984）参考物理学中的热熵概念，提出了信息熵来客观赋权即熵权法，信息熵基本原理来源于《通信的数学理论》。一个指标的信息熵与所提供信息量的多少成负相关。具体实施步骤如下：

第一，计算各指标 r_{ij} 的熵值 e_j：

$$e_j = -\ln\frac{1}{m}\sum_{i=1}^{m}\left[\left(f_{ij}\Big/\sum_{i=1}^{m}f_{ij}\right)\ln\left(f_{ij}\Big/\sum_{i=1}^{m}f_{ij}\right)\right] \tag{4-7}$$

第二，计算指标 r_{ij} 的权重：

$$\omega'_j = (1-e_j)\Big/\sum_{j=1}^{n}(1-e_j) \tag{4-8}$$

第三，构建加权矩阵 A：

$$A = (a_{ij})_{n\times m} \tag{4-9}$$

式（4－9）中，$a_{ij}=\omega_j \cdot f_{ij}$（$i=1$，…，$m$；$j=1$，…，$n$）。

（2）变异系数法

第一，计算各指标 r_{ij} 的离散系数 v_j：

$$v_j = \frac{\sigma_j}{\bar{r}_j} \tag{4-10}$$

式（4－10）中，$\bar{r}_j = \frac{1}{m}\sum_{i=1}^{m} r_{ij}$，$\sigma_j = \sqrt{\frac{1}{m}\sum_{i=1}^{m}(r_{ij} - \bar{r}_j)^2}$。

第二，计算各指标 r_{ij} 的权重：

$$\omega''_j = v_j \Big/ \sum_{j=1}^{n} v_j \tag{4-11}$$

式（4－11）中，各指标的权重与离散系数成正相关。

（3）改进的 TOPSIS 法

计算各个评价对象与正理想点、负理想点的欧氏距离：

$$d_i^+ = \sqrt{\sum_{j=1}^{n}[\omega_j(f_{ij} - y^+)]^2},d_i^- = \sqrt{\sum_{j=1}^{n}[\omega_j(f_{ij} - y^-)]^2} \tag{4-12}$$

式（4－12）中，$i=1$，2，…，m，$0\leqslant d_i^+\leqslant 1$，$0\leqslant d_i^-\leqslant 1$。

将式（4－8）的权重代入式（4－12）中，再利用式（4－6）求出熵权 TOPSIS 法的平台排序及绩效综合得分。类似地，进一步将式（4－11）的权重代入式（4－12）中，再利用式（4－6）求出变异系数法即 TOPSIS 法的平台排序及绩效综合得分，并将其结果与熵权- TOPSIS 法结果进行比较，以验证熵权- TOPSIS 模型的稳健性。

4.2.3 评价对象与数据来源

评价对象方面，与上一章的基本核算理论中主体、客体及归属问题的分析类似，仍然以 P2P 网贷、第三方支付和众筹平台为研究对象。

在数据获取方式方法方面，路紫萌（2017）使用网络爬虫方法获取数据，但其未明确具体软件选择问题。本文比对了八爪鱼、R 与 MATLAB 软件的爬虫技术及 python 技术，python 软件可以直接爬取动态网页数据，而且其源代码比较容易获取，最重要的是运行时间较短，故最终选择了 python 软件。鉴于数据可得性，剔除样本期间停业及问题 P2P 网贷平台，选取网贷之家对接的 20 家 P2P 网贷平台、众筹家对接的 38 家众筹平台及 100 家第三方支付平台作为样本，采用 python 软件的网络爬虫技术爬取此三类重要平台从 2017 年 1 月至 2019 年 12 月的数据。

4.3 基于熵权- TOPSIS 法的绩效分析

由上一章可知，第三方借贷在整个互联网金融的虚拟资产占比达 90%以上，增加额度占比约 94%。从中介金融业务规模来看，第三方借贷在互联网金融发展中具有重要地位，而 P2P 网贷金融平台是第三方借贷平台的代表业态。因此，选择 P2P 网贷金融平台作为主要的评价对象，实证结果主要包含两个方面：一是分析 2017 年 P2P 网贷金融平台绩效各层指标的权重；二是基于 2017—2019 年的数据，对上一部分找出的 4 个关键绩效因子，进行动态分析。进一步以三大类平台作为研究对象，实证结果主要包括三个方面：第一，基于 2017 年数据，对三大平台的经营绩效和管理绩效子系统的绩效评价，进行对比分析。第二，基于 2017 年数据，对三大平台的五大准则层进行对比分析。第三，基于 2019 年数据，利用表 4 - 1 的互联网金融发展绩效评价指标体系及熵权- TOPSIS 法，对互联网金融平台发展绩效进行评价。第四，为了验证熵权- TOPSIS 法测度结果的合理性，将三大平台的绩效评价结果与第三方权威评价结果进行对比。

4.3.1 P2P 网贷金融平台绩效分析

(1) 各层指标熵权权重的确定

利用熵权法，计算 2017 年 P2P 网贷金融平台绩效各层指标的权重，具体结果如表 4 - 2 所示。整体来看，经营绩效对 P2P 网贷金融平台发展绩效的影响小于管理绩效的影响。经营绩效结果显示，运营能力对经营绩效影响较大，服务范围对运营能力绩效影响也比较大；管理绩效结果显示，风控能力对管理绩效的影响较大，信用风险对风控能力的影响也较大。该结果与《P2P 网络借贷风险专项整治工作实施方案》具有一致性。

具体来说，信息熵权较大的是平台服务范围、资源整合能力这两个指标，信息熵权权重较小的指标是法律性风险，进一步印证了应该尽快完善 P2P 网络平台相关法规与监管制度的理念。通过上面的分析可知，平台服务范围、资源整合能力、信用性风险指标的信息熵权较大，是比较重要的指标，法律性风险虽然信息熵权较小，但是其对互联网金融、P2P 网贷金融平台发展有重要影响，下面对这 4 个关键因子进行分析，分析其对发展绩效的动态影响。

表 4-2　2017 年 P2P 网贷金融平台绩效评价指标熵权

目标层	子系统	准则层	具体测度指标
P2P 网贷平台发展绩效	经营绩效（0.41）	盈利能力（0.16）	成交量（0.07）
			偿债能力（0.09）
		运营能力（0.25）	投诉处理能力（0.05）
			互联网运营能力（0.07）
			平台服务范围（0.13）
	管理绩效（0.59）	行业影响力（0.18）	品牌知名度（0.10）
			平台人气（0.08）
		战略管理（0.15）	资源整合能力（0.15）
		风控能力（0.26）	信用性风险（0.12）
			操作性风险（0.07）
			法律性风险（0.07）

（2）关键绩效因子绩效值动态评价

对 2017—2019 年期间的 P2P 网贷金融平台发展绩效进行分析，对平台服务范围等 4 个具体量化指标，进一步分析其发展绩效评价水平，研究其动态维度的变化情况，具体结果如表 4-3 所示。

表 4-3　2017—2019 年 P2P 网贷金融平台的关键绩效因子熵权

关键绩效因子	2017 年权重值	2018 年权重值	2019 年权重值
平台服务范围	0.13（2）	0.15（2）	0.17（2）
资源整合能力	0.15（1）	0.17（1）	0.18（1）
信用性风险	0.12（3）	0.10（3）	0.08（3）
法律性风险	0.07（4）	0.02（4）	0.01（4）

注：表中括号里的数字表示 2017—2019 年关键绩效因子权重值的排序。

从动态时间维度的变化看，在对 P2P 网贷金融平台的发展绩效产生的影响方面，平台资源整合能力持续排第一位，对平台绩效的影响程度越来越大，2017 年信息熵权重为 0.15，2018 年信息熵权重为 0.17。在对 P2P 网贷金融平台的发展绩效产生的影响方面，法律性风险一直排位第四，但值得注意的是其对平台发展绩效的影响，从时间维度来看，其发展绩效存在很大幅度的变化。法律性风险对平台绩效的影响程度越来越小，2017 年信息熵权重为 0.07（排名第四），2018 年信息熵权重仅为 0.02，2019 年下降至 0.01。由此可见，在监管趋严的形势下，平台能否立足的关键问题是平台的资源整合能力（路紫萌，2017）。反之，随着我国 P2P 网贷金融平台监管制度逐渐规范细致化、监管覆盖面越来越全面，法律法规体系逐渐健全，P2P 网贷金融平台可以利用的法律灰色地带越来越少，以清退为主的监管导向使得平台不敢轻易触碰法律红线，因此，法律性风险在 P2P 网贷金融平台发展绩效评价中的作用越来越小。

4.3.2 三大互联网金融平台熵权-TOPSIS 法绩效分析

（1）子系统绩效评价

基于 2017 年数据，对两个子系统进行对比分析，具体结果如表 4-4 所示。2017 年，各互联网金融平台的子系统绩效评价具有一致性，即管理子系统的影响均大于经营子系统。其中，在众筹金融平台中，两个子系统的差距排第一位，表现最为明显，其管理子系统的绩效值为 0.62（排名第一），经营子系统的绩效值只有 0.38；P2P 网贷金融平台两者的差距排第二，其管理子系统的绩效值为 0.59；第三方支付平台管理子系统的绩效影响略大于经营子系统的绩效。从发展的角度来看，稳健是三类互联网金融平台发展的关键共性因素之一，管理绩效的提升不仅有利于其企业的管理，还决定了互联网金融企业的稳健发展。但具体来说，比较三类互联网金融平台两个子系统的绩效，会发现管理绩效对众筹金融平台发展显得尤为重要。

表 4-4 互联网金融平台子系统绩效评价值

互联网金融平台	经营绩效评价值	管理绩效评价值
P2P 网贷平台	0.41（2）	0.59（2）
众筹平台	0.38（3）	0.62（1）
第三方支付平台	0.46（1）	0.54（3）

注：表中括号里的数字表示经营、管理绩效评价值的排序。

（2）准则层评价结果与分析

为进一步剖析各互联网金融平台发展绩效，基于 2017 年数据，对两个子系统下的盈利能力、服务质量、行业影响力等 5 个准则层，分别计算其绩效值，具体结果如表 4-5 所示。

表 4-5　三大平台准则层绩效评价值

互联网金融平台	盈利能力	服务质量	行业影响力	战略管理	风控能力
P2P 网贷平台	0.16（4）	0.25（2）	0.18（3）	0.15（5）	0.26（1）
众筹平台	0.25（1）	0.24（2）	0.18（3）	0.16（5）	0.17（4）
第三方支付平台	0.24（2）	0.18（3）	0.27（1）	0.18（3）	0.13（4）

注：表中括号里的数字表示三大平台各自 5 个准则层绩效评价值的排名。

2017 年，三大平台的主要决定因素有所不同，P2P 网贷金融平台发展绩效评价中，风险控制能力排名第一，权重为 0.26，由此可见，相对于其他4 个准则层，风险控制能力是其主要决定因素。另外，平台服务质量指标的权重与风险控制能力仅相差 0.01，也是其发展绩效的主要决定因素之一。众筹金融平台发展绩效主要受平台盈利能力这一指标影响，信息熵权重为 0.25；行业影响力这一指标主要影响第三方支付平台的发展绩效水平，信息熵水平为 0.27，盈利能力的信息熵为 0.24。

（3）三大平台绩效评价排名对比

为了验证 P2P 网贷金融平台发展绩效测度的合理性，以网贷之家公布的 P2P 网贷金融平台排行榜作为参照系，将 2019 年 20 家 P2P 网贷平台绩效的发展绩效综合得分与之进行比较，结果如表 4-6 所示。由表 4-6 可知，其评价结果与 P2P 网贷金融平台排行榜无太大差别。

表 4-6　P2P 网贷平台熵权绩效测度的综合得分及得分排序

排行榜	绩效得分	得分排序	排行榜	绩效得分	得分排序
1 爱钱进	0.72	2	6 融贝网	0.65	4
2 白金钱包	0.74	1	7 恒易融	0.62	5
3 翼龙贷	0.67	3	8 博金贷	0.55	8
4 洋钱罐	0.58	6	9 向上金服	0.51	11
5 开鑫贷	0.54	9	10 汇盈金服	0.57	7

注：排行榜只列出前十名，得分排序表示在发展绩效得分中对应的排名。下同。

为了验证众筹金融平台发展绩效测度的合理性，以众筹家公布的众筹金融平台排行榜作为参照系，将 2019 年的 38 家众筹金融平台绩效的发展绩效综合得分与之比较，结果如表 4-7 所示。

表 4-7　众筹平台熵权绩效测度的综合得分及得分排序

排行榜	绩效得分	得分排序	排行榜	绩效得分	得分排序
1 京东众筹	0.78	1	6 腾讯乐捐	0.66	3
2 苏宁众筹	0.63	6	7 淘宝众筹	0.62	7
3 点筹网	0.64	5	8 京东东家	0.53	12
4 轻松筹	0.58	9	9 众投邦	0.70	2
5 众筹网	0.59	8	10 筹道股权	0.65	4

为了验证第三方支付平台发展绩效测度的合理性，以“2019 年度第三方支付 TOP50”作为参照系，将 2019 年的 100 家第三方支付平台的发展绩效综合得分与之比较，如表 4-8 所示。

表 4-8　第三方支付平台熵权绩效测度的综合得分及得分排序

排行榜	绩效得分	得分排序	排行榜	绩效得分	得分排序
1 微信	0.93	2	6 壹钱包	0.77	5
2 支付宝	0.97	1	7 联动优势	0.72	7
3 云闪付	0.81	4	8 易宝支付	0.66	10
4 京东数科	0.76	6	9 度小满钱包	0.63	14
5 财付通	0.90	3	10 宝付支付	0.65	11

由表 4-7、表 4-8 可知，众筹之家排行榜中排名第一的京东众筹，在熵权 TOPSIS 法绩效排序亦第一；第三方支付平台排行榜中排名第一的是微信，在绩效排序中是第二；第三方支付平台排行榜排名第二的是支付宝，在绩效排序中是第一。由此可见，众筹平台、第三方支付平台评价结果与众筹金融平台排行榜及“2019 年度第三方支付 TOP50”较为一致，验证了指标体系及测度模型的有效性，本方法可以比较合理地测度互联网金融发展绩效水平。此外，众筹金融平台的京东众筹占据领先地位，第三方支付平台的微信、支付宝占据

领先地位。综上，P2P 网贷平台排序第一的绩效得分为 0.74，众筹平台绩效排序第一的绩效得分为 0.78，第三方支付平台绩效排序第一的绩效得分为 0.97，第三方支付平台绩效值接近于最充分值 1，说明不同类平台间绩效发展存在不平衡。在 20 家 P2P 网贷金融平台中，发展绩效最后一名的是白菜金融，绩效水平为 0.17；发展绩效第一名的是白金钱包，其发展绩效值是其 4.35 倍。在 38 家众筹金融平台中，发展绩效最后一名的平台是米筹金服，其绩效水平为 0.14；发展绩效第一名的平台是京东众筹，其发展绩效是最后一名的 5.6 倍，说明同一分类的细分业态互联网金融平台中，不同的互联网金融企业间发展极度不平衡。

4.4 基于变异系数法- TOPSIS 模型的绩效比较分析

为验证熵权 TOPSIS 模型测度结果的稳健性，进一步利用 2019 年的数据，基于变异系数法- TOPSIS 模型，对 2019 年三大平台的发展绩效进行测度，结果如表 4－9、表 4－10、表 4－11 所示。为了与熵权 TOPSIS 法评价结果有可比性，依然采用第三方评价排行榜作为参照。

由表 4－9 可知，变异系数法- TOPSIS 模型评价结果与表 4－6 在排序总体上有变化，相较于熵权 TOPSIS 评价结果，与 2019 年度 P2P 网贷金融平台排行榜差别较大。但熵权 TOPSIS 模型的绩效得分较高的 P2P 网贷金融平台，使用变异系数法- TOPSIS 模型的评价结果也较高。

表 4－9　P2P 网贷平台变异系数法绩效测度的综合得分及得分排序

排行榜	绩效得分	得分排序	排行榜	绩效得分	得分排序
1 爱钱进	0.71	2	6 融贝网	0.67	4
2 白金钱包	0.65	5	7 恒易融	0.69	3
3 翼龙贷	0.72	1	8 博金贷	0.58	6
4 洋钱罐	0.57	7	9 向上金服	0.56	8
5 开鑫贷	0.53	9	10 汇盈金服	0.49	12

由表 4－10 可知，变异系数法- TOPSIS 模型评价结果与表 4－7 在排序总体上有变化，相较于熵权 TOPSIS 评价结果，与“2019 年度众筹金融平台排

行榜”差别较大。但熵权TOPSIS模型的绩效得分较高的众筹金融平台，使用变异系数法-TOPSIS模型的评价结果也较高。

表4-10 众筹平台变异系数法绩效测度的综合得分及得分排序

排行榜	绩效得分	得分排序	排行榜	绩效得分	得分排序
1 京东众筹	0.78	1	6 腾讯乐捐	0.67	3
2 苏宁众筹	0.57	9	7 淘宝众筹	0.65	5
3 点筹网	0.70	2	8 京东东家	0.53	11
4 轻松筹	0.54	10	9 众投邦	0.66	4
5 众筹网	0.61	6	10 筹道股权	0.60	7

由表4-11可知，变异系数法-TOPSIS模型评价结果与表4-8在排序总体上有变化，相较于熵权TOPSIS评价结果，与“2019年度第三方支付TOP50排行榜”差别较大。但熵权TOPSIS模型的绩效得分较高的第三方支付平台，使用变异系数法-TOPSIS模型的评价结果也较高。

表4-11 第三方支付平台变异系数法绩效测度的综合得分及得分排序

排行榜	绩效得分	得分排序	排行榜	绩效得分	得分排序
1 微信	0.92	2	6 壹钱包	0.78	4
2 支付宝	0.98	1	7 联动优势	0.70	8
3 云闪付	0.77	5	8 易宝支付	0.66	9
4 京东数科	0.71	7	9 度小满钱包	0.62	13
5 财付通	0.90	3	10 宝付支付	0.65	10

4.5 本章小结

本章以第三章互联网金融核算基本理论中的定义、核算边界、核算主体分类等基本理论为基础，进一步测度互联网金融发展绩效。一是在构建互联网金融发展绩效评价指标方面，参考与借鉴以下四类：权威机构发布的各种绩效评价办法、相关专家及学者的相关研究、经营绩效指标、管理绩效指标。在此基础上，结合互联网金融特点，对传统绩效评价加以完善，构建互联网金融发展绩效测度体系。二是在量化方法上，从绩效评价方法出发，使用熵权 TOPSIS 方法，并以权威第三方网站对互联网金融发展的评价作为参照，反复调试评价模型，最终实现发展绩效测度。此外，通过权重、绩效值分别从不同类平台、同类平台的不同互联网金融企业及指标体系中不同指标层等不同侧重点对互联网金融平台发展状况进行分析。三是采用变异系数法-TOPSIS 模型进一步评价互联网金融发展，并对贴近度及排序进行对比分析。

从实证结论来看，就互联网金融行业发展状况来看，整体还存在较大的进步空间。具体来说，三大类互联网金融平台的发展绩效有较大差别，不同类型的互联网金融平台间的发展存在不平衡问题，同一类型互联网金融平台中，不同的互联网金融企业间发展极度不平衡。三大类互联网金融平台均有行业引领者，如支付宝、微信、京东众筹平台。具体结论如下：

第一，绩效评价指标体系中，对于子系统层而言，相对于管理子系统，互联网金融的经营子系统绩效对平台发展绩效影响较小，运营能力这一指标对经营子系统有较大的影响，风控能力这一指标对管理子系统有较大影响。

第二，从动态时间维度的变化看，在对 P2P 网贷金融平台的发展绩效产生的影响方面，平台资源整合能力持续排第一位，对平台绩效的影响程度越来越大，一直处于第一位水平。法律性风险对平台发展绩效影响，在时间维度来看，其发展绩效存在很大幅度的变化。法律性风险在 P2P 网贷金融平台发展绩效评价中的作用越来越小。

第三，三大平台的主要决定因素有所不同，P2P 网贷金融平台方面，风险控制能力在其发展绩效评价中排名第一，另外平台服务质量也是主要决定因素之一。众筹金融平台发展绩效评价主要受平台盈利能力这一指标影响，行业影响力这一指标主要影响第三方支付平台的发展绩效水平。此外，平台的盈利能力对第三方支付平台有较大影响。综上，本文研究结论也进一步说明，互联网金融仍然存在人民日益增长的美好生活需要和不平衡不充分的发展之间的矛盾。

第四，通过两种模型结果比较可知，在测度互联网金融发展绩效时，变异系数法- TOPSIS 模型评价结果与第三方网站排行榜的差别较大，熵权 TOPSIS 法既考虑了选用指标的差异过小造成的分析困难，又采用熵值法客观赋权，使测度结果更贴近实际（马辉，2009）。但从整体上来看，两种模型评价结果趋于一致性，熵权 TOPSIS 模型绩效得分较高的互联网金融平台，使用变异系数法- TOPSIS 模型的评价结果也较高，进一步说明 TOPSIS 类模型在互联网金融发展绩效评价中具有稳健性。

5 互联网金融发展程度微观影响因素的实证研究

由上一章互联网金融发展绩效测度可知，不同类互联网金融平台发展不平衡，同类金融平台内不同金融企业间发展也极度不平衡。那么，在宏观背景基本相同的前提下，究竟是哪些因素导致了这一差异？不同细分业态下平台发展程度的微观影响因素又有何异同？这些因素的影响力孰轻孰重？一个企业的发展绩效能反映其发展程度。本章以上一章测度的互联网金融发展绩效衡量互联网金融发展程度，基于企业经营者的视角，分析在外部监管政策趋严的相同宏观背景下如何实现自身经营的调节，进而实现合规平台自身的可持续发展问题。本章基于微观角度，不考虑宏观因素原因在于：一是对于短期评价来说，宏观因素变化小，影响不大。二是短期内即使有变化，因传递时滞原因，可能影响不明显。三是宏观因素也是微观状况的综合反映，再加宏观因素可能产生多重共线性，降低分析质量与效果。四是对互联网金融平台而言，从自身经营角度分析更有利于其在相同宏观背景下实现自身经营的调节。

在外部监管政策趋严和内部不同细分业态下平台竞争激烈，不同细分业态下互联网金融发展受到影响程度有所不同。据网贷之家统计，截至 2019 年 12 月，P2P 网贷行业的成交量为 428.89 亿元，12 月成交量继续上月的下降趋势，环比下降 15.28%，同比下降 59.55%，行业平台整体规模严重缩水。重庆、甘肃、湖南、宁夏、云南 5 个地区的平台均已暂发新标。据众筹家最新公布的《中国众筹行业发展报告 2018（上）》①，截至 2018 年 6 月，众筹平台累计上线数量达 854 家，正常运营平台 251 家，下线或转型平台 603 家，但

① 此处众筹行业使用 2018 年数据的原因是中国众筹行业发展报告最新更新至 2018 年 6 月，虽然在众筹家能用网络爬虫技术爬取 2019 年的一些数据，但是缺少下线或转型平台数据。

2018 年上半年，成功项目融资额达 137.11 亿元，与 2017 年同期相比增长了 24.46%，行业整体数据还是较乐观。艾瑞咨询的季度数据显示，2019 年 10 月至 12 月，我国第三方支付规模达 59.8 万亿元。支付宝、银联商务、微信支付分别占据约 44%、16%、16%的市场份额，其余企业分享约 24%的市场份额。第三方支付季度增速趋缓，移动支付无序竞争时代终结，下半场精细化竞争已经开启。探讨细分业态下互联网金融平台差异化可持续发展的路径，以期不同细分业态平台更有针对性地提升发展绩效水平，对可以通过遵守监管规则，以及改善自身经营情况继续发展的互联网金融平台而言，显得尤为重要。

在互联网金融平台发展微观影响因素方面，现有研究大多从定性角度展开，较少从定量角度进行分析。目前，相关研究主要存在三点不足：第一，对互联网金融平台发展的理解过于简单，多数人把它等同于网站数量或网站总数(龚遥等，2016)。实际上，互联网金融平台发展是一个“互联网金融内涵→互联网金融平台发展内涵→互联网金融平台发展绩效→互联网金融平台发展程度”逐渐演变的逻辑过程。因此，需要引入互联网金融平台发展程度这样一个“度”的概念来细化和深化该研究。第二，虽然讨论了平台的影响因素，但是没有对互联网金融平台进行业态细分，或者只针对某一类互联网金融具体业务或项目的微观影响因素进行分析，无法体现影响因素在不同业态之间的差异，在提升发展绩效的策略应对方面同样很少提及。第三，研究结论往往只是指出了各微观影响因素的作用方向及显著性水平，而没有厘清互联网金融平台发展因素影响力的大小顺序，因而难以抓住互联网金融平台发展的“主要矛盾”。

本章在引入“互联网金融平台发展程度”概念的基础上，与第三章、第四章的互联网金融狭义角度定义一致，本章研究对象仍然是第三方支付、P2P 网贷、众筹三类平台。探讨三类平台发展程度微观影响因素的差异性，分别构建发展程度微观影响因素指标体系，运用改进的最优尺度回归方法，找出不同细分业态互联网金融平台发展程度的主要微观影响因素，并厘清各因素影响力的大小排序，从而使研究结论更加准确地反映客观实际。

5.1 理论分析

对互联网金融平台发展程度度量指标的选择一直是相关研究的难点，现有研究大多把互联网金融平台发展等同于网站数量、网站总数，互联网普及率、宽带上网用户数增长率或光缆线路长度增长率等，这些指标只能体现互联网普及率，显然没有揭示互联网金融发展内涵。采用互联网金融发展绩效作为互联网金融平台发展程度的度量指标∈［0，1］。就单个平台而言，平台发展绩效值越大，表明平台的发展程度越高；反之，平台的发展程度越低。

5.1.1　不同细分业态下互联网金融发展微观影响因素

基于可测性角度，探讨不同细分业态下互联网金融发展微观影响因素及其差异性，分别构建发展程度微观影响因素指标体系。

（1）P2P 网贷平台发展微观影响因素

在监管趋严的背景下，P2P 网贷行业受到首当其冲的冲击，大量平台被清退，部分平台正在转型中，发展存在较大的困境。探究在相同宏观背景下，哪些微观因素影响 P2P 网贷平台发展绩效，找出主要因素，并按大小顺序排序，以期为 P2P 网贷平台提供有针对性的且可通过自身改善实现的发展策略。

一是平台所在地、运营时间两个重要指标，我国互联网金融发展具有空间聚集性，互联网金融平台绩效随着地域不同而改变（米传民等，2019）。P2P 网贷平台发展尤其具有空间集聚程度高和区域发展辐射性不强的特征（朱辉，2019）。曾江洪等（2014）认为 P2P 网贷行业具有鲜明的“羊群效应”，投资者更愿意把资金出借到运营时间较早的平台。二是注册资本、公司规模、借款期限、融资记录次数在一定程度上影响 P2P 网贷平台的发展绩效。平台注册资本反映平台资本实力，公司规模反映平台人力资本实力，平台实力影响平台成交效率，继而对 P2P 网贷平台经营绩效产生影响（王重润等，2017）。借款期限对 P2P 网贷平台综合收益率既可能产生收益效应也可能产生风险效应，继而对 P2P 网贷平台经营绩效产生正效应或者负效应（陶士贵等，2020）。谢广营等（2016）认为不同平台类型，P2P 网贷交易额呈现差异性，由于第三方评级优势及平台自身类型优势，使得这种差异性愈发显著（Cai 等，2020）。此外，资信水平、平台经营规范度也对 P2P 网贷平台发展产生重要影响。P2P 网贷行业创业于组织合法性较弱的制度创业初期，法律风险大（魏鹏飞，2016）。若平台有投标保障，资信水平较高，则反映平台信任度较高（Lin 等，2015）。平台是否有 ICP（Internet Content Provider，网络内容服务商）经营许可证等平台经营规范程度关乎 P2P 网贷平台能否合法合规运行下去。P2P 网贷平台变量定义如表 5－1 所示。

表 5-1 P2P 网贷平台变量定义及说明

变量	变量名	符号	类型	变量说明
因变量	平台发展程度	$develop^p$	数值	测度 P2P 网贷平台发展程度
解释变量	平台所在地	loc^p	有序	按各省份 P2P 网贷的成交额进行量化
	运营时间	$optime^p$	数值	上线至当月仍处于正常营业的时间
	平台类型	$typep^p$	有序	按平台资产端对平台进行分类
	注册资本	$capitalr^p$	数值	工商企业登记注册时填写的注册资金
	公司规模	$sizec^p$	数值	当月内 P2P 网贷平台员工数
	借款期限	$bterm^p$	有序	平台的成交标的时限长短
	融资记录次数	rec^p	数值	当月平台获得融资次数
	资信水平	pre^p	有序	当月平台是否有投标保障
	平台经营规范度	spe^p	有序	平台是否有 ICP 经营许可证

表 5-1 中有序变量赋值方式：①平台所在地（loc^p）表征区域聚集对 P2P 网贷平台发展的影响，网贷之家发布的《P2P 网贷行业 2019 年 12 月月报》指出从各省份的成交额来看，北京、广东、浙江和上海排名全国前四，2019 年 12 月的成交量分别为 247.01 亿元、56.97 亿元、45.09 亿元和 40.30 亿元。因此，将北京、广东、浙江、上海和其他地区依次赋值为 1～5。②网贷之家根据第三方评级表征所选择的资产端，将平台类型（$typep^p$）分 5 类，其中风投系平台与银行系、民营系、上市系和国资系平台存在重叠，将民营系、国资系、上市系、银行系分别赋值为 1～4。③《P2P 网贷行业 2019 年 12 月月报》指出 2019 年 12 月网贷行业整体平均借款期限为 15.71 个月，环比拉长 0.33 个月，同比拉长 0.46 个月，但本文不仅要探析 P2P 网贷平台与其他细分业态平台发展绩效微观影响因素差异，还要进一步探讨 P2P 网贷行业内部不同企业发展微观影响因素差异，不宜取借款期限的平均值。网贷之家将平台标的期限类型分为 1～3 个月、4～6 个月、大于 6 个月小于 12 个月及 12 个月以上。因此，借款期限（$bterm^p$）按 P2P 网贷平台标的期限类型赋值，1～3 个月赋值为 1，4～6 个月赋值为 2，6～12 个月赋值为 3，其余赋值为 4。④若 P2P 网贷平台没有投标保障，资信水平为 1，反之为 2。⑤若 P2P 网贷平台没有 ICP 经营许可证，则经营规范度为 1，反之为 2。

(2) 众筹平台发展微观影响因素

在监管趋严的背景下，大量众筹平台下线或转型，众筹行业也受到较大冲击。探究在相同宏观背景下，哪些因素影响众筹平台发展绩效，找出主要因素，并按大小顺序排序，以期为众筹平台提供有针对性的且可通过自身改善实现的差异化发展策略。

首先，平台所在地、运营时间是两个重要指标。Lin 和 Viswanathan（2015）等证实众筹平台绩效仍旧会受地域的影响。众筹平台的运营时间长短在一定程度上影响知识、资源、经验等软实力强弱，继而影响平台的规模效应。其次，公司规模、平台经营规范度、平台类型、平台专注领域、媒体曝光度将一定程度上影响众筹平台的融资绩效。众筹平台具有“鸡蛋相生”的特点，交易双方会随着对方规模的扩大而集聚（马永保，2016）。提升平台开设社区的质量有利于投资人和筹资人在平台的聚集，因此，在一定条件下，公司规模对众筹融资绩效有重要的正向影响（刘志迎等，2016）。按平台回报模式，不同类型的平台自然会表现出不同的经营效率（Belleflamme 等，2014）。平台专注领域反映众筹平台资源诉求情况，增加项目筹资人与投资人在平台上的黏性，提升平台的运营效率（郭新茹等，2014）。众筹平台会利用名人的“眼球经济”、媒体曝光度影响众筹平台的知名度，理论上应与平台知名度正相关，平台积累的声誉与口碑会对众筹融资绩效产生正向影响（郑海超等，2015）。此外，平台合规性、平台经营规范度也对众筹平台发展产生重要影响。众筹投资者参与行为受感知风险负向影响，平台有无出现违规事件会影响投资者对融资方的信任程度，继而影响平台融资（曾江洪等，2017）。平台是否有 ICP 经营许可证等平台经营规范凭证关乎众筹平台能否合法合规地运行下去。众筹平台变量定义如表 5－2 所示。

表 5－2　众筹平台变量定义及说明

变量	变量名	变量符号	类型	变量说明
因变量	平台发展程度	$develop^z$	数值	测度众筹平台发展程度
解释变量	平台所在地	loc^z	有序	主要城市众筹平台竞争力量化评估
	运营时间	$optime^z$	数值	上线至当月仍在正常营业状态时间
	公司规模	$sizec^z$	数值	当月内众筹平台员工数
	平台类型	$typep^z$	有序	按众筹平台回报模式划分
	平台专注领域	$focusp^z$	有序	按平台发布项目所处领域划分
	媒体曝光度	$mediap^z$	数值	反映平台在新闻媒体上被报道情况
	平台合规性	$comp^z$	有序	表示平台有无出现违规事件
	平台经营规范度	spe^z	有序	平台是否有 ICP 经营许可证

表5-2中部分自变量赋值方式：①平台所在地（loc^z）表征区域聚集对众筹平台发展的影响，众筹家发布的《中国众筹行业发展报告（2018）》指出经济较为发达的沿海地区是众筹平台主要集中地，北京的平台最多，有65家，占比25.90%；广东有46家，占比18.33%；浙江有27家，占比10.76%；上海有26家，占比10.36%。因此，将北京、广东、浙江、上海和其他地区依次赋值为1～5。②据众筹家分类情况，按回报模式将平台类型（$typep^z$）划分为股权类、产品类、公益类、其他类，依次赋值为1～4。③根据众筹家平台分类，平台专注领域（$focusp^z$）划归为综合、实体场所、其他类，依次赋值1～3。其中，综合类指音乐、游戏、电影、美食等大众项目，实体场所类指为店铺、工作室、创意空间、休闲中心等实体场所的创建、扩建或开分店等融资项目，其他类指酒业、旅游、创业等冷门领域项目。④媒体曝光度（$mediap^z$）反映平台在新闻媒体上被报道的情况，依据百度新闻的收录数据来衡量。⑤平台合规性（$comp^z$）反映平台有无出现违规事件的恶劣影响，以网络曝光为依据，无为1，有为2。⑥众筹平台没有ICP经营许可证为1，反之为2。

(3) 第三方支付平台发展微观影响因素

第三方支付平台市场发展较为充分，相较于其他两类平台而言，合规性压力较小。已获取支付牌照的平台虽然可以继续开拓新的业务模式，但仍然需要面临合规准入的问题。探究在相同宏观背景下，哪些因素可能影响第三方支付平台发展绩效，找出主要因素，并按影响力大小顺序排序，以期为第三方支付平台提供有针对性的且可通过自身改善实现的差异化发展策略。第三方支付平台发展微观影响因素的相关文献较多。首先是平台运营时间、所在地两个指标。其次是注册资本、高管变更次数、第三方评级有助于提升第三支付平台发展绩效。注册资本反映企业资本实力，其与人力资本共同衡量平台总资本实力。Roland（2000）认为适当地进行高管变更，有利于提高企业绩效。第三方网站对众筹平台的评级会影响交易双方对平台的选择。此外，科技创新、创新业务能力、平台业务范围也对第三方支付平台发展产生重要影响（郭胜男，2012）。科技创新、创新业务影响着第三方支付平台的发展表现（曹倩等，2016）。选取专利权数量表征平台科技创新能力，而平台业务创新能力则由银行卡收单业务来体现。第三方支付行业的发展已进入转型发展的深水期，通过线下从业人员快速发力下沉市场，抢先扎营三四线城市及偏远城镇，有针对性地扩大市场范围能够提升平台竞争力（杨翾等，2015）。第三方支付平台变量定义如表 5－3 所示。

表 5－3 中部分自变量赋值方式：①平台所在地（loc^d）表征区域聚集对第三方支付平台发展的影响，《互联网金融理论与实践研究报告（2015）》对我国 21 个主要城市互联网金融平台竞争力进行量化评估，评估结果前五位的城市为北京、上海、广州、深圳、杭州，基本能反映我国各地区的互联网金融平台竞争力。因此，将北京、上海、广州、深圳、杭州和其他地区依次赋值为 1～6。②高管变更次数（$echange^d$），反映平台高层管理人员变更情况，适当的高管变更可衡量平台人力资本，对第三方支付平台发展产生正向影响，其中高层管理人员即《中华人民共和国公司法》第 217 条第一项中的公司高级管理人。③第三方评级（$typeb^d$）依据平台登记的工商信息进行百分制评分，第三方网站选用天眼查。④平台没有银行卡收单业务为 1，反之为 2。⑤第三方支付平台业务范围是否有覆盖全国表征平台业务范围（$scope^d$），无为 1，有为 2。

表 5－3　第三方支付平台变量定义及说明

变量	变量名	符号	类型	变量说明
因变量	平台发展程度	$develop^d$	数值	第三方支付平台发展绩效值
解释变量	平台所在地	loc^d	有序	主要城市第三方支付平台竞争力量化
	运营时间	$optime^d$	数值	上线至当月仍处于正常营业的时间
	注册资本	$capitalr^d$	数值	工商企业登记注册时填写的注册资金
	高管变更次数	$echange^d$	数值	反映平台高层管理人员变更情况
	第三方评级	$typeb^d$	数值	天眼查网站对平台的资质评分，使用百分制
	专利权数量	nc^d	数值	平台拥有的业务专利数
	创新业务能力	$innova^d$	有序	表示平台是否有银行卡收单业务
	平台业务范围	$scope^d$	有序	表示平台业务范围是否有覆盖全国

5.1.2　数据来源

本章评价对象与第四章相同，基于三类互联网金融平台的月度数据，研究影响其发展绩效的微观因素。鉴于数据的可得性，剔除样本期间停业及问题 P2P 网贷平台，选取网贷之家对接的 20 家 P2P 网贷平台、众筹家对接的 38

家众筹平台及100家第三方支付平台作为样本，采用python软件网络爬虫技术爬取此三类重要平台从2016年1月至2019年10月的月度数据。

5.2 模型选择与改进

5.2.1 多元线性回归模型

本章基于企业经营者的微观角度，分析互联网金融平台发展程度的主要影响因素。而谈及影响因素分析，多元线性回归方法是最经典的模型之一（贾俊平，2018）。因此，先利用P2P网贷平台的数据，建立多元线性回归模型进行试做。根据表5-1至表5-3的变量，建立多元线性回归模型如下：

$$develop^p = \alpha_1 loc^p + \alpha_2 optime^p + \alpha_3 typep^p + \alpha_4 capitalr^p + \alpha_5 sizec^p + \alpha_6 bterm^p + \alpha_7 pre^p + \alpha_8 rec^p + \alpha_9 spe^p + \varepsilon^p \quad (5-1)$$

式（5-1）中，α_1，α_2，…，α_9 为P2P网贷平台的回归系数，ε^p 为随机误差项。

$$develop^z = \beta_1 loc^z + \beta_2 optime^z + \beta_3 sizec^z + \beta_4 spe^z + \beta_5 typep^z + \beta_6 focusp^z + \beta_7 mediap^z + \beta_8 comp^z + \varepsilon^z \quad (5-2)$$

式（5-2）中，β_1，β_2，…，β_8 为众筹平台的回归系数，ε^z 为随机误差项。

$$develop^d = \gamma_1 loc^d + \gamma_2 optime^d + \gamma_3 capitalr^d + \gamma_4 echange^d + \gamma_5 typeb^d + \gamma_6 nc^d + \gamma_7 innova^d + \gamma_8 scope^d + \varepsilon^d \quad (5-3)$$

式（5-3）中，γ_1，γ_2，…，γ_8 为第三方支付平台的回归系数，ε^d 为随机误差项。

对P2P网贷平台数据，使用公式5-1，进行线性回归模型分析，普通最小二乘（Ordinary Least Square，OLS）估计结果如表5-4所示（宋淑丽等，2014）。

表5-4 P2P网贷平台的线性回归系数

变量	标准化回归系数	标准误差	P-Value
平台所在地	0.143	0.830	0.861
运营时间	0.148	0.079	0.074
平台类型	−0.292	0.015	0.067
注册资本	0.402	0.104	0.001

（续）

变量	标准化回归系数	标准误差	P - Value
公司规模	0.367	0.123	0.004
借款期限	0.296	0.147	0.052
融资记录次数	0.421	0.132	0.002
资信水平	0.145	0.093	0.087
平台经营规范度	0.161	0.671	0.621

从回归模型的相关参数（表 5 - 4）可以看出：多元线性回归模型中，对于因变量 P2P 网贷平台发展程度（$develop^p$），在 5%的显著性水平下，诸多解释变量的影响不显著，不通过检验，如平台所在地（loc^p）、运营时间（$optime^p$）、平台类型（$typep^p$）、借款期限（$bterm^p$）、资信水平（pre^p）、平台经营规范度（spe^p）。由此可见，当有众多有序变量的数据采用普通的多元线性回归模型分析时，结果会产生较大偏差。

进一步分析多元线性回归模型存在不适用性的原因：其一，表 5 - 1 至表 5 - 3中，大部分为有序分类变量，若直接纳入线性回归模型，结果准确性难以得到保证，甚至与现实情况相违背，根本原因在于普通线性回归中变量需满足等距性条件，而有序分类变量不同取值不等距。SPSS 中的最优尺度回归可以解决有序变量数据之间存在的不等距问题。其二，各影响因素变量之间可能存在严重的多重共线性问题（贾俊平，2018），逐步回归法是较为常用诊断及解决多重共线性问题的方法。进一步采用逐步回归对多重共线性问题进行检验，进行筛选变量的同时，可以有效修复多重共线性的问题，并在后续实证分析中，利用容忍度指标，对筛选保留下来的变量变换前、交换后的多重共线性问题进行了比较分析。

5.2.2 改进的最优尺度回归方法

最优尺度回归由荷兰莱顿大学 DTSS 课题组首先提出，是在回归问题中采用最优尺度变换技术，最优尺度变换可以有效将有序分类变量的不同取值进行合理量化（张务伟等，2012）。

基本思路是基于模型框架式（5 - 1）至式（5 - 3），采用非线性变换：

$$develop^p = \alpha_{11} loc^p + \alpha_{12}(loc^p)^2 + \cdots + \alpha_{1i}(loc^p)^i + \cdots + \alpha_{21} optime^p + \alpha_{22}(optime^p)^2 + \cdots + \alpha_{2j}(optime^p)^j + \cdots + \eta^p \quad (5-4)$$

式（5－4）中，α_{11}，…，α_{1i}，…，α_{21}，…，α_{2j}，…为 P2P 网贷平台的最优尺度回归系数，η^p 为随机误差项。

$$develop^z = \beta_{11} loc^z + \beta_{12}(loc^z)^2 + \cdots + \beta_{1i}(loc^z)^i + \cdots + \beta_{21} optime^z + \beta_{22}(optime^z)^2 + \cdots + \beta_{1j}(loc^z)^j + \cdots + \eta^z \quad (5-5)$$

式（5－5）中，β_{11}，β_{12}，…，β_{1i}，…，β_{21}，…，β_{2j}，…为众筹平台的最优尺度回归系数，η^z 为随机误差项。

$$develop^d = \gamma_{11} loc^d + \gamma_{12}(loc^d)^2 + \cdots + \gamma_{1i}(loc^d)^i + \cdots + \gamma_{21} optime^d + \gamma_{22}(optime^d)^2 + \cdots + \gamma_{2j}(optime^d)^j + \cdots + \eta^p \quad (5-6)$$

式（5－6）中，γ_{11}，γ_{12}，…，γ_{1i}，…，γ_{21}，…，γ_{2j}，…为第三方支付平台的最优尺度回归系数，η^d 为随机误差项。

进一步反复迭代，分析各有序解释变量对被解释变量即平台发展程度影响程度的大小，以此为原始各有序解释变量各级别均找到最优量化评分，继而在式（5－1）至式（5－3）使用此最优量化评分来替代原始类别变量进行后续研究，找到一个最佳方程式。最优尺度回归的具体操作在 SPSS 软件工具箱中即可完成。具体方法如下：第一步，借助 SPSS 中最优尺度工具，来验证原始各有序解释变量的等距性条件是否满足；第二步，对不满足等距性条件的变量，根据量化图对原始各有序解释变量数据进行转换，这种转换没有减少原始变量的信息，接近保持原始数据的完整性，且能将冗余进行合理的删除（曹玉茹等，2019）。但是当解释变量较多时，则计算复杂，非线性迭代得到的最优方程可能会掩盖变量间的真实联系（张文彤，2004）。

由上一节分析可知，多重共线性可能造成显著性检验失败。逐步回归既可以检验多重共线性，也可以对此问题进行修正。最优尺度回归数据转化方法与逐步回归结合，除可以解决数据类型为有序数据问题，以及检验与解决多重共线性问题外，还可以对变量指标进行筛选，有利于抓住互联网金融发展过程中的“主要矛盾”。

逐步回归方法是基于 OLS 估计的基础上，根据偏回归平方和的显著性检验来决定是否选择变量（游士兵等，2017）。以 P2P 网贷平台为例，其他两类平台逐步回归过程与之相同。假设对 P2P 网贷平台最优尺度回归变换后的模型为：

$$develop_z^p = \alpha'_1 loc_z^p + \alpha'_2 optime_z^p + \alpha'_3 typep_z^p + \alpha'_4 capitalr_z^p + \alpha'_5 sizec_z^p + \alpha'_6 bterm_z^p + \alpha'_7 pre_z^p + \alpha'_8 rec_z^p + \alpha'_9 spe_z^p + \varepsilon' \quad (5-7)$$

式（5-7）中，α'_1，α'_2，…，α'_9 为 P2P 网贷平台的最优尺度回归系数，ε'为随机误差项，下标 z 表示进行了最优尺度回归变换，loc_z^p、$optime_z^p$等表示原变量进行最优尺度回归技术后对应的新变量。

若 loc_z^p与$optime_z^p$存在共线性，即 $optime_z^p = aloc_z^p + b + \nu$，其中，$a$ 和 b 是常数，ν 是随机扰动项。代入式（5-7）可得：

$$develop_z^p = \alpha'_1 loc_z^p + \alpha'_2(aloc_z^p + b) + \alpha'_3 typep_z^p + \alpha'_4 capitalr_z^p + \alpha'_5 sizec_z^p + \alpha'_6 bterm_z^p + \alpha'_7 pre_z^p + \alpha'_8 rec_z^p + \alpha'_9 spe_z^p + \varepsilon' + \alpha'_2\nu \tag{5-8}$$

式（5-8）可写成如下形式：

$$develop_z^p = b_0 + b_1 loc_z^p + \alpha'_3 typep_z^p + \alpha'_4 capitalr_z^p + \alpha'_5 sizec_z^p + \alpha'_6 bterm_z^p + \alpha'_7 pre_z^p + \alpha'_8 rec_z^p + \alpha'_9 spe_z^p + \mu \tag{5-9}$$

式（5-9）中，$\hat{b}_0 = \hat{\alpha}'_2\hat{b}$，$\hat{b}_1 = \hat{\alpha}'_1 + \hat{\alpha}'_2\hat{a}$。

此时模型（5-9）的残差平方和为：

$$Q_1 = \sum_{i=1}^{n}[develop_{zi}^p - (\hat{b}_0 + \hat{b}_1 loc_{zi}^p + \hat{\alpha}'_3 typep_{zi}^p + \hat{\alpha}'_4 capitalr_{zi}^p + \hat{\alpha}'_5 sizec_{zi}^p + \hat{\alpha}'_6 bterm_{zi}^p + \hat{\alpha}'_7 pre_{zi}^p + \hat{\alpha}'_8 rec_{zi}^p + \hat{\alpha}'_9 spe_{zi}^p)]^2 \tag{5-10}$$

而模型（5-8）的残差平方和为：

$$Q_2 = \sum_{i=1}^{n}[develop_{zi}^p - (\hat{b}_0 + \hat{b}_1 loc_{zi}^p + \hat{\alpha}'_3 typep_{zi}^p + \hat{\alpha}'_4 capitalr_{zi}^p + \hat{\alpha}'_5 sizec_{zi}^p + \hat{\alpha}'_6 bterm_{zi}^p + \hat{\alpha}'_7 pre_{zi}^p + \hat{\alpha}'_8 rec_{zi}^p + \hat{\alpha}'_9 spe_{zi}^p + \nu_i\hat{\alpha}'_2)]^2 \tag{5-11}$$

进一步比较 Q_1 与 Q_2 的大小，借助偏回归平方和的系数检验，若 $Q_1 - Q_2 \approx 0$，则接受原假设，即应该剔除 $optime_z^p$，$optime_z^p$为引起多重共线性的变量。其他变量过程类似。

因此，本文在改进最优尺度回归数据转换方式的基础上，进一步结合逐步回归法筛选解释变量，不仅能抓住主要微观影响因素，还可以较好地反映各主要微观影响因素的作用方向及显著性水平，厘清因素影响力的大小顺序。

5.3 实证分析

5.3.1 P2P 网贷平台发展程度微观影响因素实证研究

对 P2P 网贷平台数据进行改进的最优尺度回归分析，结果显示模型具有统计学意义，如表 5-5 所示。

表 5-5 P2P 网贷平台模型汇总

相关系数	可决系数	调整后的可决系数	P 值
0.938	0.880	0.706	0.000

其中，可决系数 $R^2=0.880$，调整后的可决系数 $R^2=0.706$，这表明自变量对 P2P 网贷平台发展程度的解释力达到了 70.6%。由此可知，模型拟合优度较高，且 $P<0.001$，通过检验。

表 5-6 给出各变量参数，各变量的容忍度指标是方差膨胀因子（Variance Inflation Factor，VIF）的倒数，容忍度的取值范围是［0，1］，与 VIF 值相反，容忍度数值越小，此变量与其他变量之间越可能存在多重共线性。对于使用改进最优尺度回归模型，最后筛选保留的自变量而言，在变换前、变换后取值都大于 0.1，不是一个很小的数，说明对于这些变量多重共线性问题不存在。

表 5-6 P2P 网贷平台的标准化系数和相关性、容忍度指标

变量	标准化回归系数			相关性		重要性	容忍度	
	系数值	标准误差	P 值	偏相关	部分相关		变换后	变换前
平台所在地	0.274	0.151	0.083	0.407	0.235	0.040	0.733	0.900
运营时间	0.441	0.129	0.003	0.637	0.437	0.267	0.983	0.937
平台类型	−0.550	0.143	0.000	−0.682	−0.493	0.257	0.802	0.803
借款期限	0.443	0.140	0.001	0.609	0.405	0.225	0.839	0.774
融资记录次数	0.370	0.134	0.005	0.554	0.354	0.162	0.910	0.914
资信水平	0.293	0.141	0.053	0.450	0.266	0.049	0.827	0.922

从回归模型的相关参数（表 5-6）可以看出：①平台所在地对 P2P 网贷平台发展程度具有正向影响，且影响较显著（在 10% 的显著性水平下，$P<0.1$，下同），即北京比广东、广东比浙江、浙江比上海、上海比其他地区对 P2P 网贷平台的发展影响程度更高，P2P 网贷行业监管因地制宜，不同地区出台不同的窗口指导意见。②运营时间对平台发展程度具有正向影响，且影响非常显著（在 1% 的显著性水平下，$P<0.01$，下同）。平台的运营时间表征平台可靠性，运营时间越长，平台可靠性越强。③平台类型对平台发展程度具有

负向影响，且影响非常显著，即银行系比上市公司系、上市公司系比国资系、国资系比民营系对平台的发展影响程度更高。④借款期限对 P2P 网贷平台发展程度具有正向影响，且影响非常显著。标的借款期限与平台风险存在正向变化关系。⑤融资记录次数对 P2P 网贷平台发展程度具有正向影响，且影响非常显著。平台融资记录次数表征平台资本实力，融资记录次数越多，资本实力越雄厚。⑥投标保障对平台发展程度具有正向影响，且影响较显著。若平台有投标保障，资信水平较高，反映平台信任度较高。此外，相较于上述变量，注册资本、公司规模、平台经营规范度对 P2P 网贷平台发展程度基本没有影响。

由标准化系数、重要性系数及显著性水平可知，P2P 网贷平台发展绩效的微观影响因素按影响力大小排列的顺序是平台类型、借款期限、运营时间、融资记录次数、是否有投标保障、平台所在地。

5.3.2 众筹平台发展程度微观影响因素实证研究

对众筹平台数据进行改进的最优尺度回归分析，结果显示模型具有统计学意义，如表 5-7 所示。

表 5-7 众筹平台模型汇总

相关系数	可决系数	调整后的可决系数	*P* 值
0.903	0.825	0.689	0.000

其中，可决系数 $R^2=0.825$，调整后的可决系数 $R^2=0.689$，这表明自变量对众筹平台发展程度的解释力达到了 68.9%。由此可知，模型拟合优度较高，且 $P<0.001$，通过检验。

表 5-8 给出各变量参数，与表 5-6 的分析类似，筛选保留的各变量的容忍度指标是方差膨胀因子 VIF 的倒数，在变换前、变换后都大于 0.1，不是很小的数，说明筛选保留下来的这些变量不存在多重共线性问题。

表 5-8 众筹平台的标准化系数和相关性、容忍度指标

变量	标准化回归系数			相关性		重要性	容忍度	
	系数值	标准误差	*P* 值	偏相关	部分相关		变换后	变换前
平台所在地	0.384	0.176	0.003	0.568	0.482	0.263	0.585	0.964
公司规模	0.587	0.164	0.001	0.388	0.294	0.119	0.672	0.819

（续）

变量	标准化回归系数			相关性		重要性	容忍度	
	系数值	标准误差	P 值	偏相关	部分相关		变换后	变换前
平台经营规范度	0.322	0.151	0.043	0.379	0.286	0.103	0.787	0.808
平台类型	0.583	0.167	0.000	0.557	0.468	0.211	0.644	0.762
平台专注领域	−0.279	0.153	0.051	−0.332	−0.245	0.115	0.775	0.688
媒体曝光度	0.491	0.169	0.007	0.487	0.390	0.189	0.630	0.687
平台合规性	−0.125	0.027	0.000	−0.118	0.088	0.110	0.462	0.463

从回归模型的相关参数（表 5－8）可以看出：①公司规模对众筹平台发展程度具有正向影响，且影响非常显著。人力资本实力在一定程度上可以通过公司规模反映，规模越大，平台团队越强。②平台类型对平台发展程度具有正向影响，且影响显著（在 5% 的显著性水平下，$P<0.05$，下同），即股权类比产品类、产品类比公益类、公益类比其他类对众筹平台的发展影响程度更高。③媒体曝光度对众筹平台发展程度具有正向影响，且影响非常显著，即有相关资讯报道的众筹平台发展程度容易更高。④平台所在地对众筹平台发展程度具有影响，且影响显著。⑤经营规范度对众筹平台发展程度具有正向影响，且影响较显著。⑥平台专注领域对众筹平台发展程度具有负向影响，且影响较显著。⑦平台合规性即平台出现违规事件对众筹平台发展程度具有负向影响，且影响非常显著。此外，运营时间对众筹平台发展程度基本没有影响。

由标准化系数、重要性系数及显著性水平可知，对众筹平台发展程度的影响力排在前三位的因素分别是公司规模、平台类型、媒体曝光度。

5.3.3 第三方支付平台发展程度微观影响因素实证研究

对第三方支付平台数据进行改进的最优尺度回归分析，结果显示模型具有统计学意义，如表 5－9 所示。

表 5－9 第三方支付平台模型汇总

相关系数	可决系数	调整后的可决系数	P 值
0.879	0.773	0.608	0.000

其中，可决系数 $R^2=0.773$，调整后的可决系数 $R^2=0.608$，这表明自变量对平台发展程度的解释力达到了 60.8%，由此可知，模型拟合优度较高，且 $P<0.001$，通过检验。

表 5－10 给出各变量参数，与表 5－6 的分析类似，筛选保留的各变量的容忍度指标是方差膨胀因子 VIF 的倒数，在变换前、变换后都大于 0.1，说明筛选下来的这些变量不存在多重共线性问题。

表 5－10 第三方支付平台的标准化系数和相关性、容忍度指标

变量	标准化回归系数			相关性		重要性	容忍度	
	系数值	标准误差	P 值	偏相关	部分相关		变换后	变换前
注册资本	0.312	0.132	0.032	0.520	0.290	0.151	0.867	0.868
高管变更次数	0.245	0.128	0.075	0.443	0.235	0.043	0.926	0.920
第三方评级	0.291	0.152	0.075	0.444	0.236	0.048	0.659	0.741
创新业务能力	0.491	0.154	0.006	0.635	0.392	0.283	0.638	0.793
平台业务范围	0.375	0.143	0.019	0.561	0.323	0.177	0.743	0.729
平台所在地	−0.243	0.150	0.078	−0.437	−0.274	0.198	0.654	0.671

从回归模型的相关参数（表 5－10）可以看出：对第三方支付平台绩效发展程度的影响力排在前三位的因素分别是创新业务能力、平台业务范围、注册资本。

具体来说：①平台是否有银行卡收单业务表征的创新业务能力对第三方支付平台发展程度具有正向影响，且影响非常显著，即有银行卡收单业务的平台比无银行卡收单业务的平台发展绩效高。因此，第三方支付平台应积极提升创新业务能力。②平台业务范围对平台发展程度具有正向影响，且影响显著。第三方支付平台中，业务范围越广的平台发展程度越高。③注册资本对第三方支付平台发展程度具有正向影响，且影响显著。即平台的注册资本越大、资本实力越雄厚，越能吸引更多用户与投资者。④第三方评级对第三方支付平台发展程度具有正向影响，且影响较显著。平台资质评分越高，用户对此平台的信任度越高，越愿意使用该第三方支付平台。⑤高管变更次数对第三方支付平台发展程度具有正向影响，且影响较显著。⑥平台所在地对第三方支付平台发展绩效有较小的负影响，且影响较显著。究其原因是第三方支付市场发展较为充分，有稳定的行业引领者如支付宝、银联商务、微信支付等，在互联网金融聚集地区第三方支付市场发展充分、竞争空间不大，结合第三方支付的金融普惠性特点，第三方支付市场未来应进一步向互联网金融非聚集地区拓展市场。此外，运营时间、专利权数量对第三方支付平台发展程度基本没有影响。

5.4 本章小结

本章在引入“互联网金融平台发展程度”概念的基础上，探讨不同细分业态下互联网金融发展微观影响因素及其差异性，分别构建三类平台发展程度微观影响因素指标体系，运用改进的最优尺度回归方法，找出不同细分业态互联网金融平台发展程度的主要微观影响因素，并厘清各因素影响力的大小排序。

在实证结果方面，首先在细分业态下不同类互联网金融平台发展绩效微观影响因素存在明显差异，其次进一步着重分析了 P2P 网贷、众筹、第三方支付平台发展微观影响因素中几个“与众不同”的结果。

第一，细分业态下互联网金融平台发展微观影响因素之间存在较大差异。从平台角度来看，不同类互联网金融平台发展程度的主要微观影响因素存在很大不同。P2P 网贷平台发展程度的主要微观影响因素是平台类型、借款期限；众筹平台发展程度主要取决于公司规模、平台类型，且两者影响程度相差不大；第三方支付平台发展程度主要取决于创新业务能力、平台业务范围及注册资本。从微观影响因素角度来看，三类互联网金融平台的发展微观影响因素存在极大区别，第三方支付平台较其他两个平台差别更大。运营时间仅对 P2P 网贷平台发展程度影响显著，说明众筹平台、第三方支付平台用户在选择平台时不太看重平台运营时间，但对 P2P 网贷平台而言，营业时间会影响其投资人数，早期进入行业的平台在吸引投资者方面更具优势，进而影响平台发展；平台经营规范度对众筹平台发展程度影响显著，对 P2P 网贷平台没有显著影响，说明“专项管制”之后，P2P 网贷平台信息披露机制完善、行业经营已趋于规范，而众筹平台信息披露相对不完善、有些平台的经营行为在合法与非法间游走，在信息不足的情况下，依据平台经营规范度选择众筹平台具有一定的合理性；平台是否拥有银行卡收单业务等业务创新能力的提升对第三方支付平台发展影响显著，说明第三方支付平台个体要在竞争激烈的市场中发展壮大，创新业务的发展至关重要。此外，平台业务范围是否覆盖全国对第三方支付平台发展影响显著，说明互联网金融集聚地区的第三方支付平台市场竞争充分，抢先扎营三四线城市及偏远城镇，有针对性地扩大市场范围能够提升平台竞争力，市场范围对第三方支付平台发展起积极作用。

第二，注册资本、公司规模、平台经营规范度对P2P网贷平台发展程度基本没有影响。P2P网贷平台的公司实力由注册资本、公司规模、平台融资记录次数三个指标反映。较于平台融资记录次数、公司规模、注册资本对平台发展基本没有影响，说明P2P网贷平台用户较看中平台融资记录次数，认为平台交易情况能真实反映公司实力。平台经营规范度对P2P网贷平台发展程度基本没有影响，究其原因，随着P2P网贷平台专项管制的深入，“问题平台”大量被取缔，留存下来的P2P网贷平台信息披露机制越来越完善。

第三，运营时间对众筹平台发展程度基本没有影响。众筹平台起步较晚，平台运营时间区别不大，运营时间不足以影响平台用户规模，早期进入行业的众筹平台并不能吸引更多的投资者，也无法对众筹平台发展产生重大影响。

第四，运营时间、专利权数量对第三方支付平台发展程度基本没有影响。第三方支付平台用户主要从事消费、支付活动，运营时间对用户活动无太大关联，不足以影响用户规模，且第三方支付平台市场发展充分，信息披露机制完善，投资者对第三方支付平台实力的判断很大程度上取决于第三方评级、注册资本等信息。互联网金融领域已经进入“专利屠宰”时代（马丽，2011）。第三方支付平台领域技术、商业专利层出不穷，专利权数量即平台拥有的专利数对第三方支付平台的未来将产生重要影响，但是就用户而言，他们在选择平台时不太看重专利权数量，究其原因是平台拥有的专利数等科技创新能力对第三方支付平台自身而言，关乎“生死”，但用户更看重的是与自身体验感直接挂钩的已经转化为具体业务创新能力如平台是否有银行卡收单业务等。

6 多层复杂网络下的互联网金融风险传染演变及量化

第三、四、五章都是基于不同角度对互联网金融发展开展研究，第三章提出了借助虚拟资产和负债来衡量其中介金融业务规模，进而实现利用部门资产和负债总量核算结果来反映互联网金融的总体发展状况。第四章系统测度了互联网金融发展绩效，第五章是基于互联网金融发展绩效进一步探讨造成互联网金融企业发展差异的主要微观影响因素。由第四章的结论可知，只有第三方支付平台准则层中的风控能力较好，其他两类平台的风控能力相对较弱。从时间维度看，平台资源整合能力和平台法律风险对其绩效影响的变化幅度较大。由此可见，互联网金融风险研究确实是绕不开的主题。在互联网金融风险分类中，专门探讨了互联网金融战略管理风险，此大类风险的细分，大部分是基于第四章与第五章的研究结果。

本章从互联网金融风险传染复杂性角度，构造了包含互联网金融风险子网、传统金融业子网及监管子网的三层互联网金融复杂网络，研究互联网金融风险传染效应。其主要包含四个部分：一是探讨互联网金融风险传染系统。先尝试利用互联网金融风险基本理论，剖析互联网金融风险产生的缘由及其传染特性。再从风险诱因、风险传染路径、风险规制手段三个方面深入分析三个子网的节点及节点之间的影响。二是构建三层互联网金融网络模型。先将互联网金融风险、传统金融业和监管纳入多层互联网金融网络，从单层子网、交叉层、网络形成机制等方面，构建多层互联网金融网络。再研究多层互联网金融网络的构建理论、拓扑性质，拓展网络结构的测度指标，为揭示互联网金融系统网络中风险演化机理做好准备。三是基于构建的多层互联网金融网络结构研究其风险演化特征。四是结论。

6.1 互联网金融风险传染复杂系统

本节从互联网金融风险理论基础、风险诱因、内部传导、向传统金融业的传染路径、风险监管机制几个方面入手，分析互联网金融风险传染这一复杂系统。

6.1.1 互联网金融风险理论基础

本节先尝试利用互联网金融风险理论，剖析互联网金融的风险诱因及风险传染特性。

(1) 金融中介理论

金融中介理论的代表性人物有 Gurley 和 Shaw（1956）、Benston 和 Smith（1976）。关于互联网金融是信息中介还是金融中介，学术界尚存在争议。

在西方发达国家互联网金融更多理解为信息中介，如美国的 P2P 网贷平台只是纯的信息中介，而我国商业银行与 P2P 网贷平台均属于金融中介（王倩，2016）。将互联网金融仅仅作为信息中介，会加大金融系统性风险，不利于互联网金融微观主体的安全保障，也使得国家经济宏观层面上金融体系的稳定性无法得到有效保障（邱灵敏，2018）。因此，我国互联网金融具有信息中介机构及金融中介机构的双重身份，也使得互联网金融风险传染性更强，互联网技术使行业间的风险壁垒被打破，一旦某个局部具体业态发生风险，不仅会对从事该业务的互联网金融机构产生影响，而且会传播至整个行业，甚至扩散到整个金融系统。

(2) 信息不对称理论

信息不对称理论认为传统金融业风险很大程度上是源于交易双方的信息不对称（张玉梅等，2019）。互联网信息技术在信息不对称方面的作用具有两面性：一是互联网的强大信息技术优势，使得交易双方提供信息交换的渠道更便利，可降低传统金融业中的高度信息不对称（周勤等，2016）；二是网络信息技术使得互联网金融交易存在虚拟性，信息不对称的程度增高。

目前，我国难以实现利用互联网信息技术降低信息不对称风险的优势。反之，在虚拟性影响下，非法集资及欺诈风险更容易被引发（王倩，2016）。

(3) 长尾理论

长尾理论（Anderson，2004）是互联网金融迅猛发展的理论支撑，互联网金融颠覆了“二八定律”（刘英等，2013）。互联网金融降低了服务门槛，形成了大量的长尾客户（王华等，2018）。互联网金融长尾用户往往有很强的从众心理，从而形成羊群效应，也会产生新的长尾风险（吴佳哲，2015）。当互联网金融市场或者某一业态发展势头良好时，呈现出喷井式增长，并伴随着风险的迅速聚集。而当这一互联网金融业态出现风险暴露时，又可能导致互联网金融市场发生踩踏事件，极易引起群体性事件，可能引发系统性风险，加大互联网金融市场乃至整个金融市场的波动（王倩，2016）。

（4）网络效应理论

互联网网络属性对互联网金融是一把双刃剑，既推进了互联网金融快速发展，又使得互联网金融市场局部风险会在最短的时间内，甚至产生跨行业的系统性金融风险（武长海，2017）。

互联网金融的交易双方之间存在双向反馈，如众筹平台存在规模集聚（马永保，2016）。这种网络外部性使得互联网金融服务主体价值取决于客户数量，呈现“胜者通吃”的正反馈效应。互联网金融市场存在竞争性垄断格局，互联网金融正反馈效应进一步加剧了这种垄断格局，必然增加了互联网金融体系的脆弱性。此外，长尾特性和网络效应会使互联网金融业在退出行业时，相较于传统金融业，对整个经济和社会会产生更大更复杂的影响。

（5）马太效应理论

马太效应最早源于《圣经·马太福音》。在互联网金融行业竞争中，马太效应常指早期进入行业的互联网金融企业，通过网络信息优势，已迅速占领了互联网金融市场，而后期进入者难以打开市场，获得用户的信任及选择，会出现“寡头垄断”（王修华等，2020）。另外，互联网金融行业法律法规的缺乏，导致垄断企业存在恶意竞争等行为，比如捆绑销售，不利于构造好的创业环境，严重影响了互联网行业的创新发展。从另一角度来看，寡头风险的重要性不言而喻，有效地控制了行业寡头的风险。选择一些重要平台作为重点监管对象，进行有针对性的重点防控，在有效阻断风险传播路径的同时，可提高风险监管效率。

综上，互联网金融风险传染是个多属性的复杂性系统，具有互联网金融市场风险内部循环、向传统金融市场传播、监管政策风险规制的特点。若忽视了机构之间的互联性，都容易陷入泛泛而谈，若忽视风险规制措施在风险传染中有重要作用，则无法分析监管层与互联网金融之间的风险转移路径。

6.1.2 互联网金融风险诱因

下面通过分析互联网金融风险产生的诱因，对互联网金融风险进行分类。

(1) 信息技术风险

互联网信息技术风险指互联网本身具有的开放性和缺陷引发的风险。互联网金融信息技术风险主要包括以下几种情况：第一，由于受到自然灾害或者遭受网络安全公共事件引起网络风险（林辉等，2011）。第二，由于计算机及互联网网络自身存在缺陷或者技术问题造成故障等引发的风险（陆柔等，2016）。第三，通过病毒传播使得计算机系统瘫痪、客户信息泄露、资金被盗取等（赵立志等，2014）。第四，互联网支付密钥的技术管理及 TCP/IP 协议的安全性也面临考验，存在伪造身份登录风险（侯建强等，2016）。此外，互联网金融活动交易过程中存在数据传输安全风险。除此之外，我国互联网金融企业需要购买进口的互联网软硬件设施作为支撑，会带来技术泄密风险，对我国的金融信息安全形成隐患（王伟等，2017）。互联网金融信息技术风险共 8 类，如表 6 - 1所示。

表 6 - 1 互联网金融信息技术风险分类

风险要素	符号	风险要素	符号
自然灾害破坏风险	$x_{1,1}^{1}$	内部信息泄露风险	$x_{1,5}^{1}$
服务器维护风险	$x_{1,2}^{1}$	身份伪造登录风险	$x_{1,6}^{1}$
操作系统漏洞风险	$x_{1,3}^{1}$	数据传输安全风险	$x_{1,7}^{1}$
病毒感染风险	$x_{1,4}^{1}$	技术泄密风险	$x_{1,8}^{1}$

(2) 操作性风险

我国互联网金融操作性风险的诱因主要包括两大类。

第一，内部操作引发风险方面，主要包括以下几种情况：其一，管理人员违反现行的相关法律规定开展经营活动，主观故意的违规操作，产生违规经营风险（张旺等，2018）。其二，使用者在操作过程中，非故意的操作失误（鄂奕洲等，2016）。其三，互联网金融服务供应商也可能存在操作风险。其四，互联网金融在支付方式上不断创新，新的支付方式如网银等存在着较大的操作风险（张松等，2013）。

第二，外部事件方面，互联网金融大多是依托第三方服务商或者进行服务外包，会造成外部的操作风险（陈耀辉等，2018；封思贤等，2018）。在西方发达国家，针对第三方合作方，已有较为成熟的监管和标准体系，如欧洲发布的《一般数据保护法案》。在我国，这方面还需要进一步完善，比较容易引发外包技术创新风险。我国互联网金融企业大多依赖于外部技术支撑，大部分企业会选择成熟的服务提供商，或者进行技术外包，以及和国外一起合作开发，在具体过程中存在相互关系恶化的可能性（许荣等，2014）。当合作关系恶化之后，这些合作伙伴掌握着关键技术，很有可能产生恶意入侵风险。操作性风险主要包括以下 7 类，如表 6－2 所示。

表 6－2　互联网金融操作性风险分类

风险要素	符号	风险要素	符号
违规经营的内部操作风险	$x_{2,1}^{1}$	外包技术创新风险	$x_{2,5}^{1}$
消费者意外操作风险	$x_{2,2}^{1}$	合作伙伴恶意入侵风险	$x_{2,6}^{1}$
服务供应商操作风险	$x_{2,3}^{1}$	合作开发风险	$x_{2,7}^{1}$
支付方式创新风险	$x_{2,4}^{1}$		

(3) 法律法规性风险

此类风险形成原因如下：第一，互联网金融的法律法规还存在缺位，使得互联网金融在扩张过程中，极易触碰监管红线和边界，引发法律风险（张成虎等，2019）。第二，现行监管政策主要源于传统金融业体系，现有法律法规并未纳入所有互联网金融业态，不少互联网金融创新业态尚未被监管政策覆盖（许荣等，2014）。第三，在互联网金融行业，个人信息的滥用无法避免，进而导致互联网金融企业遭受用户起诉和公众投诉，将通过互联网的便捷性迅速放大传播，从而引发声誉风险。第四，互联网金融平台难以杜绝非法融资、网络洗钱等非法业务。第五，我国互联网金融面临突出的政策风险（江海洋，2019）。其能够改变互联网金融行业及企业的运作方式、战略规划、盈利情况。互联网金融的法律法规性风险包括 8 类，如表 6－3 所示。

表 6－3　互联网金融法律法规性风险分类

风险要素	符号	风险要素	符号
法律法规缺位风险	$x_{3,1}^{1}$	非法业务风险	$x_{3,5}^{1}$
监管覆盖风险	$x_{3,2}^{1}$	非法融资风险	$x_{3,6}^{1}$
信息披露不完全风险	$x_{3,3}^{1}$	声誉风险	$x_{3,7}^{1}$
个人信息滥用风险	$x_{3,4}^{1}$	政策风险	$x_{3,8}^{1}$

(4) 信用风险

信用风险主要包括五个方面：第一，我国互联网金融行业征信体系尚未完全与中国人民银行的征信中心平台形成对接，互联网金融第三方征信机构甚少且缺乏公信力，极易产生逆向选择问题，继而产生信用风险（程识，2010）。第二，互联网金融市场存在更为严重的投融资期限错配（胡金焱等，2020）。第三，互联网金融属于高负债行业，合同违约风险时有发生，坏账率很高（白云霞等，2016）。第四，互联网金融机构会利用网络虚拟性加剧信息不对称性，进行虚假宣传，使得互联网金融外部市场的欺诈等信用风险普遍存在（王会娟等，2014）。此外，互联网金融企业也可能存在企业内部员工之间的欺诈。第五，较传统金融业，我国互联网行业平台运行能力仍然存在诸多不足，造成问题平台的主要原因是平台清盘、提现困难等。互联网金融的信用风险包括 6 类，如表 6-4 所示。

表 6-4　互联网金融信用风险分类

风险要素	符号	风险要素	符号
征信风险	$x_{4,1}^{1}$	平台内部欺诈风险	$x_{4,4}^{1}$
投资期限错配风险	$x_{4,2}^{1}$	外部市场欺诈风险	$x_{4,5}^{1}$
合同违约风险	$x_{4,3}^{1}$	平台运行风险	$x_{4,6}^{1}$

(5) 运营风险

第一，金融企业正常运转的首要条件是资金流动需求，较之传统金融，互联网金融公司无法参与短期资金拆借，一旦短时兑付资金不足，资金链容易断裂，极易产生资本流动风险（李彩凤等，2016）。第二，所有投融资行为广泛受市场周期的影响，互联网金融的长尾特征具有很强的从众心理，往往会产生追涨杀跌，使得互联网金融受市场周期的影响更大（陈放，2017）。第三，互联网金融并没有改变其金融本质，依旧具有利率风险。利率水平的影响效应不可否认（何启志等，2016）。第四，基于长尾理论，互联网金融服务受众众多，羊群效应明显，投资者关系存在恶化的可能。此外，互联网金融服务具有虚拟性，加剧了各项信息的不对称性，信息不对称进一步会导致逆向选择，进而影响用户偏好。一旦投资者关系恶化，用户偏好发生变化，将导致互联网金融平台的资金链断裂。互联网金融的运营风险共 5 类，如表 6-5 所示。

表 6-5　互联网金融运营风险分类

风险要素	符号	风险要素	符号
资本流动风险	$x_{5,1}^1$	用户偏好风险	$x_{5,4}^1$
市场周期风险	$x_{5,2}^1$	投资者关系风险	$x_{5,5}^1$
利率风险	$x_{5,3}^1$		

（6）战略管理风险

根据第四章的研究结论，进而考虑战略管理风险。在趋严的监管政策背景下，互联网金融企业的管理及战略直接关乎其生存，互联网金融企业规划及战略决策失误自然也极可能产生战略管理风险。第一，互联网金融创新伴随着巨大的金融风险（李良艳，2020）。第二，由第五章研究结论可知，互联网金融市场竞争激烈，过度竞争容易导致秩序混乱，最终伤及整个行业，带来行业竞争风险。第三，由第四章研究结论可知，平台品牌知名度和平台人气直接反映平台行业影响力，影响企业形象。另外，第五章的研究结论表明互联网金融具有媒体属性，平台积累的声誉与口碑会影响企业形象，继而影响平台发展。此外，平台人力资本实力对平台发展产生影响。第四，互联网金融企业不同的管理结构或者集团关系等使得其对监管政策、运营管理、战略选择等对公司所产生的风险影响程度不同。此外，互联网金融风险的边际效应会随着股权集中度的变化而变化，若互联网金融平台的所有权结构非常不合理，并且首席执行官等领导决策具有很大的影响力，容易产生互联网金融战略风险（黄旭等，2013）。互联网金融管理战略风险主要包括 9 类，如表 6-6 所示。

表 6-6　互联网金融管理战略风险分类

风险要素	符号	风险要素	符号
创新活力	$x_{6,1}^1$	薪资水平	$x_{6,6}^1$
行业竞争模式	$x_{6,2}^1$	领导决策	$x_{6,7}^1$
企业形象	$x_{6,3}^1$	股权分配	$x_{6,8}^1$
员工关系	$x_{6,4}^1$	母子公司	$x_{6,9}^1$
人才引进	$x_{6,5}^1$		

6.1.3　互联网金融风险的内部传导

进一步分析互联网金融风险间是否存在内部性风险传导问题，分为如下 6 个方面。

（1）信息技术风险的内部传导

从直接影响的角度上来看，信息技术风险大类中，各小类风险之间存在相互影响，与互联网金融市场其他类型风险之间也会产生跨类别风险传染，主要体现在对操作性风险及法律法规性风险的直接影响上。第一，自然灾害破坏风险可能导致终端系统瘫痪，破坏服务器。第二，互联网金融企业一般进行技术外包，服务器维护依赖于技术支持体系，服务器维护风险可能导致操作性风险中的合作伙伴恶意入侵风险。第三，操作系统漏洞风险如操作系统、密码系统等存在问题，存在病毒感染的风险，当然也会存在身份伪造登录因素，数据传输安全风险、操作性风险。第四，病毒感染导致互联网金融终端系统瘫痪、发生信息泄漏等问题，进而发生服务器维护风险、操作系统漏洞风险、身份伪造登录因素、数据传输安全风险、技术泄密风险，以及操作性风险中的合作伙伴恶意入侵风险。第五，内部信息泄露风险可能导致数据传输安全风险和合作伙伴恶意入侵风险，以及法律法规性风险中的个人信息滥用风险与用户起诉引起的声誉风险等。第六，身份伪造登录风险可能导致内部信息泄露，数据传输等风险，操作性风险中的违规经营的内部操作风险。第七，数据传输安全风险可能导致服务器维护、操作系统漏洞、病毒感染、内部信息泄露、身份伪造登录、技术泄密风险，以及操作性风险中的合作伙伴恶意入侵风险。第八，技术泄密风险可能导致操作系统漏洞、病毒感染、内部信息泄露、身份伪造登录，以及数据传输安全风险。

（2）操作性风险的内部传导

从直接影响的角度上来看，操作性类型风险与互联网金融市场其他类型风险之间产生跨类别传染。第一，违规经营的内部操作风险可能导致内部信息泄漏风险、合作伙伴恶意入侵风险，以及法律法规性风险中的个人信息滥用、法律法规缺位、监管覆盖风险、非法业务、声誉风险，还有信用性风险中的平台运行风险和运营风险中的用户偏好风险。第二，消费者意外操作方面，可能导致法律法规性风险中的法律法规缺位，以及监管覆盖风险、声誉风险（李彩凤等，2016）。第三，服务供应商操作风险可能导致合作伙伴恶意入侵风险，以及法律法规性风险中的法律法规缺位、监管覆盖、非法业务风险。第四，支付方式创新风险可能导致合作伙伴恶意入侵风险，以及法律法规性风险中的法律法规缺位、监管覆盖、非法业务风险。第五，外包技术创新风险可能导致合作伙伴恶意入侵风险，以及法律法规性风险中的法律法规缺位、监管覆盖、非法业务风险。第六，合作伙伴恶意入侵风险可能导致违规经营的内部操作风险，与信息技术性风险中的内部信息泄漏、数据传输、服务器维护风险，以及法律法规性风险中的个人信息滥用风险、法律法规缺位、监管覆盖风险。第七，合作开发风险可能导致合作伙伴恶意入侵风险，以及法律法规性风险中的法律法规缺位、监管覆盖风险、非法业务风险。

(3) 法律法规性风险的内部传导

从直接影响的角度上来看，法律法规性风险大类中，各小类风险之间存在相互影响，如法律法规缺位可能会导致个人信息滥用风险，进而导致声誉风险。监管覆盖不全面会引发非法业务及非法融资风险。另外，其与互联网金融市场其他类型风险之间产生跨类别风险传染。第一，信息披露不完全风险可能导致个人信息滥用、声誉风险和运营风险中的用户偏好风险。第二，个人信息滥用风险可能导致信息披露不完全风险、声誉风险和运营风险中的用户偏好风险。第三，非法融资风险可能影响运营风险中的投资者关系，以及管理战略风险中的领导决策。第四，法律法规缺位风险可能导致内部信息泄漏风险，以及操作性风险中违规经营的内部操作风险、消费者意外操作风险、服务提供商操作风险、支付方式创新风险、外包技术创新风险、合作开发风险，法律法规性风险中的个人信息滥用、非法融资、监管覆盖风险，信用性风险中的平台内部欺诈、外部市场欺诈、平台运行风险，运营风险中的用户偏好。第五，监管覆盖风险可能导致内部信息泄漏风险，以及操作性风险中违规经营的内部操作风险、消费者意外操作风险、服务提供商操作风险、支付方式创新风险、外包技术创新风险、合作开发风险，法律法规性风险中的个人信息滥用、非法融资等风险，和运营风险中的用户偏好。第六，非法业务风险可能导致操作性风险中违规经营的内部操作风险、服务提供商操作、合作开发风险，法律法规性风险中的声誉风险，信用性风险中的合同违约、平台内部欺诈、外部市场欺诈、平台运行风险，运营风险中的用户偏好，战略管理风险中的领导决策。第七，声誉风险可能导致信用性风险中的平台运行风险，运营风险中的用户偏好、投资者关系风险，以及管理与战略选择的企业形象。第八，政策风险可能导致信用性风险中的投资期限错配、合同违约风险，运营风险中的利率风险，管理战略风险中的员工关系和领导决策。

(4) 信用性风险的内部传导

从直接影响的角度上来看，信用性风险类别自身分类风险之间可以相互传播，如互联网金融产品时常存在投资期限错配风险，会导致合约违约风险（胡金焱等，2020）。与互联网金融市场其他类型风险之间产生跨类别传染。第一，征信风险可能导致合同违约、平台内部欺诈、平台运行风险。第二，投资期限错配风险可能导致合同违约，运营风险中的资本流动、市场周期、利率风险、用户偏好风险，管理战略风险中的薪资水平、领导决策（张博，2020）。第三，合同违约风险可能导致声誉、国家政策、平台运行，以及资本流动、利率风险。第四，平台内部欺诈风险可能导致非法业务、声誉风险，外部市场欺诈、平台运行风险，以及影响用户偏好和员工关系、企业形象。第五，外部市场欺诈风险可能导致非法业务、声誉风险，平台运行风险，以及影响用户偏好和企业形象。第六，平台运行风险会影响员工关系、企业形象（陈新岗等，2017）。

（5）运营风险的内部传导

从直接影响的角度上来看，运营风险下 5 类风险间可能存在相互传播。运营风险的类型将与信用性风险、操作性风险相互传染。如当平台存在较大的资本流动风险，继而会引起合同违约，甚至平台不能正常运行的情况。第一，资本流动风险可能导致法律法规性风险中的投资期限错配、合同违约风险、平台运行风险，以及运营风险中的市场周期、利率风险、用户偏好。第二，市场周期风险可能影响法律法规性风险中的国家政策，可能导致征信风险、投资期限错配、平台运行风险，运营风险中的资本流动风险、利率风险、用户偏好，战略管理风险中的薪资水平、领导决策。第三，利率风险可能影响法律法规性风险中的国家政策，可能导致征信风险、投资期限错配、合同违约、平台运行风险，运营风险中的资本流动风险、利率风险、投资者关系，战略管理风险中的员工关系、薪资水平、领导决策。第四，用户偏好风险可能导致法律法规性风险，以及信用性风险、运营风险，战略管理风险中的领导决策。第五，投资者关系风险可能导致运营风险中的资本流动风险、市场周期。

（6）战略管理风险的内部传导

从直接影响的角度上来看，战略管理风险下 9 类风险间可能存在相互传播。此外，战略管理风险的类型将与其他类型风险产生跨类别风险传染，如领导决策直接关乎平台是否存在内部操作风险，以及法律法规性风险中的非法业务、非法融资风险。第一，互联网金融企业缺少创新活力就会被淘汰，创新活力风险可能影响薪资水平、领导决策（汪振江等，2014）。第二，行业竞争风险可能影响法律法规性风险中的声誉风险，运营性风险中的用户偏好，以及战略管理风险中的企业形象、领导决策。第三，企业形象风险可能影响信用风险中的平台内部欺诈风险、平台运行风险，运营性风险中的用户偏好，以及战略管理风险中的行业竞争风险、领导决策。第四，员工关系可能影响信用风险中平台内部欺诈、平台运行风险和战略管理风险中的薪资水平等。第五，人才引进可能影响企业创新活力等。第六，薪资水平直接影响信用风险中的投资期限错配，以及战略管理风险中的员工关系、人才引进。第七，领导决策可能导致法律法规性风险中的非法融资风险，可能导致信用性风险中的投资期限错配风险、平台运行风险，可能影响运营风险中的资本流动、市场周期、利率风险、用户偏好、投资者关系，可能导致战略管理风险中的创新力量、行业竞争风险、人才引进、薪资水平、股权分配。第八，股权分配直接影响人才引进、领导决策。第九，集团子母公司关系直接影响运营风险中的市场周期、利率风险、投资者关系，以及战略管理风险中的薪资水平。

6.1.4 互联网金融风险向传统金融业的传染路径

由之前的分析可知，互联网金融市场风险具有向传统金融市场扩散的特点。互联网金融业与传统金融业无论在业务、资金，还是技术等之间存在错综复杂的关联性，两者之间的联系也日益紧密（战明华等，2018）。互联网金融市场风险在一定程度上势必也会通过业务、资金、技术等渠道扩散传染至传统金融业（朱辰等，2018）。互联网金融风险向传统金融的风险传染路径主要分成向银行业的传染直接生成机制、向证券业和保险业的传染直接生成机制，以及接触感染和非接触感染。

（1）互联网金融风险向银行业传染的直接生成机制

互联网金融对银行资产业务渠道的风险溢出方面，当平台在资金流动性、技术、信用和业务等层面发生风险，会在一定程度上传染至银行业。第一，各类互联网金融业对银行业最直接的冲击就是分流银行客户的存款和加重银行的资金成本（马理等，2019）。第二，在资金方面，互联网金融企业中用户的资金需商业银行进行资金托管，若 P2P 网贷金融平台出现信用危机，会引发与之合作的商业银行的信用性风险。第三，在技术方面，互联网金融平台主要通过网络信用消费，评级可能不准确，会带来违约风险。

互联网金融对银行负债业务的风险溢出方面，互联网金融对商业银行的存款没有太大冲击，但会对商业银行存款结构产生影响（刘翠丽，2016）。其主要体现在两个方面：一方面，第三方支付平台收付款有时间差，存在沉淀资金，大部分作为活期存款，会对商业银行存款产生溢出效应，使得中小商业银行的存款吸收更难，马太效应更加显著。目前，第三方支付已经逐步向线下延伸，并且在尝试转向大额支付系统，未来，第三方支付带来的资金沉淀规模将进一步扩大，对银行业存款结果的影响必然进一步扩大。另一方面，第三方支付的业务范围正在逐步扩大，如涉及保险等，其支付给用户的预期收益极大可能会超过商业银行定期存款等金融产品。因此，互联网金融会分流和竞争商业银行的定期存款，并且有较大的潜在威胁。

互联网金融对银行中间业务的风险溢出方面，支付结算和产品代销类业务受冲击比较大。第三方支付平台以便利性、价格低等优点，挤占了传统银行业支付结算功能。第三方理财销售平台打破了以银行代销为主的格局，互联网理财产品具有购买起点较低、利率较高、风险不太高的优点，挤占了传统银行的中间业务。

(2) 互联网金融风险向证券业、保险业传染的直接生成机制

互联网金融借助于大数据和网络技术，基于信息不对称性及网络效应属性方面优势，可以大幅度降低成本及交易不受时空的限制，使得传统券商的渠道可能被抢占，从而倒逼传统券商转型，拓展互联网业务，削弱以佣金为主的业务利润。业务层面上，互联网技术的发展倒逼传统券商拓展网络证券业务，或者与互联网金融平台合作销售理财产品。首先，证券业互联网化自然也会带来上一节中讨论的互联网金融风险，如信息技术风险、操作性风险等。其次，互联网金融风险会通过股市及理财业务之间的关联对证券业造成冲击。

类似地，可分析互联网金融风险向保险业传染的直接生成机制。首先，保险业互联网化自然也会带来上一节中讨论的操作性风险及信息技术风险等风险，而且还会带来新的信用性风险及流动性风险。其次，互联网金融风险会增加保险公司的风险管控难度，会通过保险业务之间的关联对保险业造成冲击。

(3) 互联网金融风险向传统金融业的接触式传染机制

互联网金融是基于传统金融业发展起来的，互联网金融机构与传统金融业密不可分且关联紧密，两机构间的资金往来会使得互联网金融的各类风险均转移到传统金融业，互联网金融风险的长尾效应、网络效应及媒体属性会使得风险迅速放大并传染，从而引发整个金融体系的系统性风险。

(4) 互联网金融风险向传统金融业的风险信息传染机制

互联网金融的羊群效应、网络效应使得其具有很强的媒体属性，在 5.2.2 节中，由众筹平台的研究结论可知，媒体曝光度对众筹平台发展具有正向影响，且影响非常显著。若互联网金融平台提供的支付服务等银行服务器突然故障且较长时间没有修复，或者互联网金融行业发生较大的局部风险，则互联网金融危机将通过新闻媒体渠道迅速传递到传统金融业。互联网金融的羊群效应会产生从众危机，进而影响投资者的用户偏好及心理预期，从而引起挤兑或踩踏事件，影响传统金融业、互联网金融行业的信誉。互联网金融风险传染复杂系统中，传统金融子网的节点主要包括 8 类，如表 6－7 所示。

表 6－7 互联网金融复杂系统中传统金融子网的风险分类

风险节点	符号	风险节点	符号
银行存款	$x_{1,1}^2$	保险	$x_{1,5}^2$
银行债务	$x_{1,2}^2$	证券	$x_{1,6}^2$
银行中间业务	$x_{1,3}^2$	利润	$x_{1,7}^2$
银行服务器	$x_{1,4}^2$	信誉	$x_{1,8}^2$

6.1.5 互联网金融风险监管机制

考虑监管部门的风险监管机制对互联网金融风险的影响，主要从三个方面进行分析：互联网金融风险监管主体、监管政策、法律监管。

(1) 互联网金融风险监管主体

2019 年 2 月，我国进行了金融监管改革，并成立了宏观审慎监管部门，由中国人民银行、银保监会、证监会及地方政府监管。2019 年 2 月 2 日发布的《中国人民银行职能配置、内设机构和人员编制规定》明确指出，中国人民银行将是互联网金融风险治理的牵头部门。中国人民银行主要负责第三方支付业务，银保监会主要负责 P2P 网贷业务，证监会主要负责众筹业务，银保监会主要负责网上保险业务，银保监会主要负责网络信托。除此之外，由第五章的实证结果，互联网金融平台发展受平台所处地区的影响，互联网金融存在金融聚集现象，互联网金融风险监管还应考虑地方政府的监管政策。

(2) 互联网金融风险监管政策

互联网金融行业监管政策将直接影响互联网金融行业的各类风险。如由

5.2.1、5.2.2 节研究结论可知，平台合规性、平台经营规范度也对 P2P 网贷平台、众筹平台发展产生重要影响。平台经营规范程度关乎 P2P 网贷平台、众筹平台能否合法合规地运行下去。第三方支付平台须取得支付牌照，且创新业务要达到合规准入要求。进一步说明了规模、技术、营业执照、取款许可证等监管者政策对互联网金融风险的影响。

(3) 互联网金融风险法律监管

监管机构的法律法规难以及时响应互联网金融发展中的变化。我国现阶段互联网金融法律法规缺少规范化、体系化。首先，存在互联网金融相关的法律法规缺失，因此急需完善。其次，互联网金融行业现在最大的问题是行业诚信度不高，监管机构通过更加细致的动态监测，加强风险干预及监管，发挥民众监督作用，逐步提高整个互联网金融行业在民众心中的公信度。此外，互联网金融平台中用户的资金安全也是重点关注的问题，监管机构就互联网金融资金托管问题下发了多个文件，但是还存在一些根本问题，如互联网金融行业没有像传统银行业一样建立健全的储备金制度，使得互联网金融平台缺乏最后贷款人保护机制。互联网金融风险复杂系统中，监管子网的节点主要包括 11 类，如表 6-8 所示。

表 6-8　互联网金融复杂系统中监管子网的风险分类

风险节点	符号	风险节点	符号
规模获取	$x_{1,1}^3$	民众监管	$x_{1,7}^3$
技术获取	$x_{1,2}^3$	法律完善	$x_{1,8}^3$
营业执照	$x_{1,3}^3$	监管委员会	$x_{1,9}^3$
取款许可证	$x_{1,4}^3$	中央银行	$x_{1,10}^3$
监管强度	$x_{1,5}^3$	地方政府	$x_{1,11}^3$
资本监管	$x_{1,6}^3$		

6.2 构建多层互联网金融网络

从上一节中互联网金融风险复杂系统的相关结构来看，互联网金融风险传染复杂系统可分为三个子网。由 2.5.1 节的文献分析可知，子网更具备无标度网络特征，该系统是复杂的多变量系统。结合现实互联网金融复杂网络系统特点，采用对整体互联网金融系统的分层网络建模思想。第一，从“风险诱因”

“风险传染路径”“风险规制手段”入手，保持子网个数不变，对子网间的节点与边进行异质性设定，边连接方式可考虑有向或无向情形，子网主要采用无标度网络结构，构建互联网金融风险、传统金融业、监管子网三层子网。第二，根据现实互联网金融系统网络的层次与嵌套结构，以上述无标度网络为子网络，通过子网节点间关联的集合形成交叉层。第三，基于增长的多层网络模型，最终构建能够反映现实互联网金融系统网络风险传染现实，具有多源风险叠加和多风险等级的互联网金融风险网络。第四，基于单层复杂网络的拓扑性质，拓展多层复杂网络的拓扑性质。

6.2.1 互联网金融风险复杂系统单层网络集合

设 $G(\delta,t)$ 是 α 层网络的集合，$G_\alpha(\delta,t)=\{X_\alpha(\delta,t),E_\alpha(\delta,t)\}$ 是 α 层网络。其中，α 层网络节点集合为 $X_\alpha(\delta,t)=\{(x_1^\alpha,x_2^\alpha,\cdots,x_{M_\alpha}^\alpha)\}$，$\alpha$ 层网络边的集合为 $E_\alpha(\delta,t)\subseteq X_\alpha(\delta,t)\cdot X_\alpha(\delta,t)$，对应于网络边集合 $E_\alpha(\delta,t)$ 的邻接矩阵可表示为 $A_\alpha=(a_{ij}^\alpha)\in \boldsymbol{R}^{M_\alpha\times M_\alpha}$，

$$a_{ij}^\alpha=\begin{cases}1,(x_i^\alpha,x_j^\alpha)\in E_\alpha\\0,\text{其他}\end{cases} \tag{6-1}$$

下面构造互联网金融系统的 $\alpha(\alpha=1,2,3)$ 层子网络。

(1) 互联网金融风险单层网络

具体来说，此子网络 $G_1(\delta,t)=\{X_1(\delta,t),E_1(\delta,t)\}$，下面分别讨论节点集合 $X_1(\delta,t)$ 及边的集合 $E_1(\delta,t)$。

第一步，节点集合 $X_1(\delta,t)$。由 6.1.2 节分析可知，互联网金融风险分为六大类，共 43 类细分风险，以表 6-1 至表 6-6 中的要素为节点，节点集合可进一步表示为 $X_1(\delta,t)=\{(x_{1,1}^1,x_{1,2}^1,\cdots,x_{1,8}^1;x_{2,1}^1,\cdots,x_{2,7}^1;\cdots;x_{6,1}^1,\cdots,x_{6,9}^1)\}$，上标表示第 1 层子网络，左下标表示互联网金融风险子网中六大类风险中的类别，右下标表示六大类中的细分分类，简记为 $X_1(\delta,t)=\{(x_1^1,x_2^1,\cdots,x_{M_1}^1)\}$，其中 $M_1=43$。

第二步，边集合 $E_1(\delta,t)$。节点集合为 $X_1(\delta,t)=\{(x_1^1,x_2^1,\cdots,x_{M_1}^1)\}$，在 6.1.3 节中着重分析了互联网金融风险子网中风险要素之间的直接影响关系。当风险要素 x_i^1 对风险要素 $x_j^1(i,j=1,2,\cdots,M_1)$ 有直接影响时，考虑节点 x_i^1 和 x_j^1 之间的有向连接。$G_1(\delta,t)$ 中的节点 x_i^1 和 x_j^1 连成 $E_1(\delta,t)$ 中的边，即 $a_{ij}^1=1$；否则，不连接边，即 $a_{ij}^1=0$。邻接矩阵为 $A_1=(a_{ij}^1)\in\boldsymbol{R}^{M_1\times M_1}$，

$$a_{ij}^1=\begin{cases}1,\text{风险 } x_i^1 \text{ 对风险 } x_j^1 \text{ 产生直接影响}\\0,\text{其他}\end{cases}\quad(6-2)$$

(2) 传统金融单层网络

具体来说，传统金融业子网络 $G_2(\delta,t)=\{X_2(\delta,t),E_2(\delta,t)\}$，下面分别讨论传统业金融子网络节点集合 $X_2(\delta,t)$及边的集合 $E_2(\delta,t)$。

第一步，节点集合 $X_2(\delta,t)$。由 6.1.4 节的分析可知，互联网金融风险向传统金融业传染的渠道如表 6-7 所示。以表 6-7 的要素为节点，节点集合表示为 $X_2(\delta,t)=\{(x_{1,1}^1,x_{1,2}^2,\cdots,x_{1,8}^2)\}$，上标表示第 2 层子网络，左下标表示传统金融子网大的类别，右下标表示细分分类，但传统业金融子网络只有一大类。节点集可进一步表示为 $X_2(\delta,t)=\{(x_1^2,x_2^2,\cdots,x_{M_2}^2)\}$，其中 $M_2=8$。

第二步，边集合 $E_2(\delta,t)$。由 6.1.4 节的分析可知，当风险要素 x_i^2 对风险要素 $x_j^2(i,j=1,2,\cdots,M_2)$有直接影响时，考虑节点 x_i^2和 x_j^2 之间的连接方式是有向连接，$G_2(\delta,t)$中的节点 x_i^2和 x_j^2 连成 $E_2(\delta,t)$中的边，即 $a_{ij}^2=1$；否则，不连接边，即 $a_{ij}^2=0$。邻接矩阵为 $A_2=(a_{ij}^2)\in \boldsymbol{R}^{M_2\times M_2}$，上标表示第 α 层子网络。

$$a_{ij}^2=\begin{cases}1,\text{风险 } x_i^2 \text{ 对风险 } x_j^2 \text{ 产生直接影响}\\0,\text{其他}\end{cases}\quad(6-3)$$

(3) 互联网金融风险监管单层网络

具体来说，监管子网络 $G_3(\delta,t)=\{X_3(\delta,t),E_3(\delta,t)\}$，下面分别讨论监管子网络节点集合 $X_3(\delta,t)$及边的集合 $E_3(\delta,t)$。

第一步，节点集合表示为 $X_3(\delta,t)$，由 6.1.5 节的分析可知，将互联网金融风险监管要素如表 6-8 所示，共 11 个节点。节点集表示为 $X_3(\delta,t)=\{(x_{1,1}^3,x_{1,2}^3,\cdots,x_{x_{1,11}}^3)\}$，上标表示第 3 层子网络，左下标表示监管子网大的类别，右下标表示细分分类，但监管子网只有一大类。进一步可表示为 $X_3(\delta,t)=\{(x_1^3,x_2^3,\cdots,x_{M_3}^3)\}$，其中 $M_3=11$。

第二步，边集合 $E_3(\delta,t)$。当风险要素 x_i^3 对风险要素 $x_j^3(i,j=1,2,\cdots,M_3)$有直接影响时，考虑节点 x_i^3 和 x_j^3 之间的连接方式是有向连接，$G_3(\delta,t)$中的节点 x_i^3和 x_j^3 连成 $E_3(\delta,t)$中的边，即 $a_{ij}^3=1$；否则，不连接边，即 $a_{ij}^3=0$。邻接矩阵为 $A_2=(a_{ij}^3)\in \boldsymbol{R}^{M_2\times M_2}$，上标表示第 α 层子网络。

$$a_{ij}^3=\begin{cases}1,\text{风险 } x_i^3 \text{ 对风险 } x_j^3 \text{ 产生直接影响}\\0,\text{其他}\end{cases}\quad(6-4)$$

6.2.2 交叉层网络集合

$C(\delta,t)=\{E_{\alpha\beta}(\delta,t)\subseteq X_\alpha(\delta,t)\times X_\beta(\delta,t);\alpha,\beta\in\{1,2,3\},\alpha\neq\beta\}$是不同层$G_\alpha(\delta,t)$和$G_\beta(\delta,t)$的节点间集合，对应于$E_{\alpha\beta}(\delta,t)$交叉层的邻接矩阵表示为$A_{\alpha\beta}=(a_{ij}^{\alpha\beta})\in\boldsymbol{R}^{M_\alpha\times M_\beta}$，

$$a_{ij}^{\alpha\beta}=\begin{cases}1,(x_i^\alpha,x_j^\beta)\in E_{\alpha\beta}\\0,\text{其他}\end{cases}\tag{6-5}$$

基于不同层$G(\delta,t)=\{G_\alpha(\delta,t):\alpha\in\{1,2,3\}\}$节点$X_\alpha(\delta,t)$与$X_\beta(\delta,t)$之间的连接，来刻画多层互联网金融网络交叉层之间的关联。例如，$X_\alpha(\delta,t)$中节点x_i^α具有风险传染性，且节点x_i^α与另一个子网$X_\beta(\delta,t)$的节点x_j^β也关联，从而使得α与β不同层子网络之间关联。此外，若$X_\alpha(\delta,t)$与$X_\beta(\delta,t)$中有相同的节点，则α与β不同层子网络之间建立连接。

$G_2(\delta,t)$对$G_1(\delta,t)$的交叉影响由6.1.4节可知，第一，互联网金融主要通过互联网信息技术手段成功挤占三类业务渠道。第二，其会给证券业及保险业有风险溢出。第三，资金往来方面会导致传染。第四，互联网金融与传统金融业之间存在信息传染。$G_3(\delta,t)$对$G_1(\delta,t)$的交叉影响类似。

6.2.3 多层互联网金融网络模型

采用整个互联网金融系统的分层网络建模思想，基于无标度机制下增长的多层网络模型生成多层动态互联网金融网络构建能反映互联网金融系统复杂性、呈现多属性、多类型连接特征的多层网络结构。

(1) 多层互联网金融网络

多层互联网金融网络表示为

$$ISF(\delta,t)=[G(\delta,t),C(\delta,t)]\tag{6-6}$$

式（6-6）中，$G(\delta,t)$和$C(\delta,t)$分别表示单层子网络集合和交叉层网络集合，δ表示系统，t表示时间。单层网络集合$G(\delta,t)=\{G_\alpha(\delta,t):\alpha\in\{1,2,3\}\}$中的元素是单层子网络，$G_\alpha(\delta,t)$刻画互联金融系统中主体间某一种关联网络，具体而言，$G_1(\delta,t)$表示互联网金融风险子网，$G_2(\delta,t)$表示传统金融子网，$G_3(\delta,t)$表示互联网金融风险监管子网。

(2) 多层互联网金融网络形成机制

基于增长多层网络模型的多层互联网金融网络形成机制，构建多层互联网

金融风险网络。设初始时刻 $t=0$，从一个 α 层网络开始，每一层网络具有 m_0 个节点和 $n_0>n$ 条边，且在随后的每个时间间隔内，节点度以 $m(m\leqslant m_0)$ 的速度不断变化。广义优先连接原则如下，三层中与节点 i 建立新连接的概率为 π_i^α：

$$\begin{cases}\pi_i^1 \propto c_{1,1}k_i^1 + c_{1,2}k_i^2 + c_{1,3}k_i^3 \\ \pi_i^2 \propto c_{2,1}k_i^1 + c_{2,2}k_i^2 + c_{2,3}k_i^3 \\ \pi_i^3 \propto c_{3,1}k_i^1 + c_{3,2}k_i^2 + c_{3,3}k_i^3\end{cases} \tag{6-7}$$

式（6-7）中，$c_{\alpha,\beta}\in[0,1]$ 且 $c_{\alpha,1}+c_{\alpha,2}+c_{\alpha,3}=1$（$\alpha=1,2,3$）。

6.2.4 多层互联网金融网络拓扑性质

单层网络的拓扑结构是多层网络结构的研究基础。从单层复杂网络和多层复杂网络拓扑性质两个方面阐述。

（1）单层复杂网络的拓扑性质

金融风险网络中，节点可以是机构或者风险本身（卜湛，2019）。除了可视化的图以外，单层复杂网络一般用网络的统计特征来刻画网络形态和拓扑结构等基本特征，包括网络节点的度 k 及度分布 $p(k)$、平均路径长度 L、聚集系数 C 等。通过 2.5.1 节的文献分析可知，互联网金融系统网络中子网络亦大致有小世界和无标度特征（朱莉，2023）。

此外，节点的重要性是复杂网络的重要拓扑性质（龚书雯等，2018），下面给出本章用到的节点重要性指标公式。

度的中心性：被广泛应用于表征节点的重要性，节点 i 的度的中心性表示为

$$Z_D(i)=\frac{k_i}{M-1} \tag{6-8}$$

式（6-8）中，k_i 为节点 i 的度，$M-1$ 为最大可能的度，$Z_D(i)$ 越大表明节点的重要性越强。

介数的中心性：是表征节点重要性的另一个指标，其思想是有些节点的度很小，但其与其他重要中介连通，对网络连通性有重要作用。节点 i 的介数的中心性表示为

$$Z_J(i)=\frac{B_J(i)}{C_M^2} \tag{6-9}$$

式（6-9）中，C_M^2 是节点 i 的介数的最大可能值。

$$B_J(i)=\sum_{1\leqslant j<q\leqslant M}\frac{m_{jq}(i)}{m_{jq}},j\neq i\neq q \tag{6-10}$$

式（6-10）中，m_{jq} 为节点 j 和 q 的最短路径；$m_{jq}(i)$ 为在最短路径中，节点 j 和 q 经过 i 的条数。

接近度中心性：接近度中心性可表示为

$$Z_C(i)=\frac{M-1}{\sum_{\substack{j=1\\ j\neq i}}^{N}d_{ij}} \tag{6-11}$$

式（6-11）中，d_{ij} 为节点 i 和节点 j 之间的最短路径，$Z_C(i)$ 反映节点在网络中所处的中心程度，值越大则节点越重要。

(2) 多层复杂网络的拓扑性质

由 2.5.2 节中的文献分析，单个网络拓扑性质描述已形成一套较为完善的体系，目前多层网络的拓扑性质的研究正在不断深入中，特别是针对金融领域的多层复杂网络（李守伟等，2020）。

节点度：在多层网络 M 中，节点 i 的节点度，记为

$$k_i=(k_i^1,\cdots,k_i^\alpha,\cdots,k_i^M) \tag{6-12}$$

式（6-12）中，k_i^α 是 α 层节点 i 的节点度，$k_i^\alpha=\sum_{i\neq j}a_{ij}^{\alpha}$；节点 i 的总节点度为 $z_i=\sum_{\alpha}k_i^\alpha$。度分布即节点度的概率分布函数 $p(k)$ 是节点度为 k 的概率，在有向网络中，也分为入度的节点度分布与出度的节点度分布。

节点连接性：多层复杂网络中有些节点并不连接整个复杂网络中的某些层中。如若 $k_i^\alpha>0$，则称节点 i 在 α 层是活跃的。进而，多层网络中节点 i 与层间的连接性记为

$$b_i=(b_i^1,\cdots,b_i^\alpha,\cdots,b_i^M) \tag{6-13}$$

若 $k_i^\alpha>0$，则式（6-13）中，$b_i^\alpha=1$，其他为 0；节点 i 的总节点度为 $B_i=\sum_{\alpha}b_i^\alpha$，表示与节点 i 连接层数和 $0\leqslant B_i\leqslant M$。

各层边的异质性：在多层复杂网络中，节点 i 与 j 的总节点度相同，但在整体网络中重要性存在明显差异的情况，比如节点 i 在每一层网络中均有 m 条边，而节点 j 只在某一层是连接且具有 mM 条边，节点 i 与 j 总度数相同，但网络特性显然不同，节点 i 对 M 层子网络均有影响，节点 j 仅对与之连接的某一层具有影响。因此，定义节点层间参与系数为

$$P_i = \frac{M}{M-1}\left[1 - \sum_{\alpha=1}^{M}\left(\frac{k_i^\alpha}{z_i}\right)^2\right] \tag{6-14}$$

式（6－14）中，$P_i \in [0, 1]$。

聚集系数：在多层网络 M 中，节点 i 的局部聚集系数记为

$$CC_i = \frac{2\sum_{\alpha=1}^{M} e_i^\alpha}{\sum_{\alpha=1}^{M} k_i^\alpha (k_i^\alpha - 1)} \tag{6-15}$$

式（6－15）中，e_i^α 为节点 i 邻接节点数目，k_i^α 是 α 层节点 i 的节点度。

路径长度：d_{ij} 为两节点之间的最少连接的边数，节点距离 $d_{ij}=1$。任意两点之间的网络直径 $D_{ij} = \max\limits_{i,j} d_{ij}$。平均最短路径 $L = \frac{1}{C_N^2}\sum\limits_{1 \leqslant i < j \leqslant N} d_{ij}$。在多层网络中，Criado 等（2012）给出了多层网络路径的类似定义，但是要注意边的异质性，区分层内与层外的边。

6.3 基于多层互联网金融网络结构研究风险演化特征

多层互联网金融网络的拓扑性质不仅反映互联网金融风险子网、监管子网和传统金融子网各自内部的风险传染演化过程，也系统地刻画了风险在 3 个子网络间的动态演化特征，实现从不同层次与角度揭示互联网金融风险传染从内部循环到向外扩散再到规制的传染机理。

在多层互联网金融复杂网络中，多层复杂网络拓扑结构是分析互联网金融风险传染的基础。根据上一节中多层互联网金融复杂网络的拓扑性质，多层复杂网络拓扑结构中主要分析节点测度指标如节点度及度分布、节点活跃度、平均路径长度、集聚系数、节点中心性；边的指标如路径长度等指标，层之间的测度指标如节点层间参与系数，层测度指标的相关性及脆弱性。根据这些指标特性来阐释互联网金融复杂系统中风险传染的结构特征及风险演化过程。

6.3.1 互联网金融网络系统可视化

将三个子网络及多层互联网金融复杂系统的网络分别可视化，如图 6－1 至图 6－3 所示。图 6－1 是互联网金融风险子网网络，节点的圈的大小表示节

点度。从网络图可看出，互联网金融风险网络整体连通性较高，共有 280 条边，节点度平均为 6.5116，在有向网络中，这意味着每个细化风险类别平均与 3～7 个风险节点有单边或双边直接影响关系。

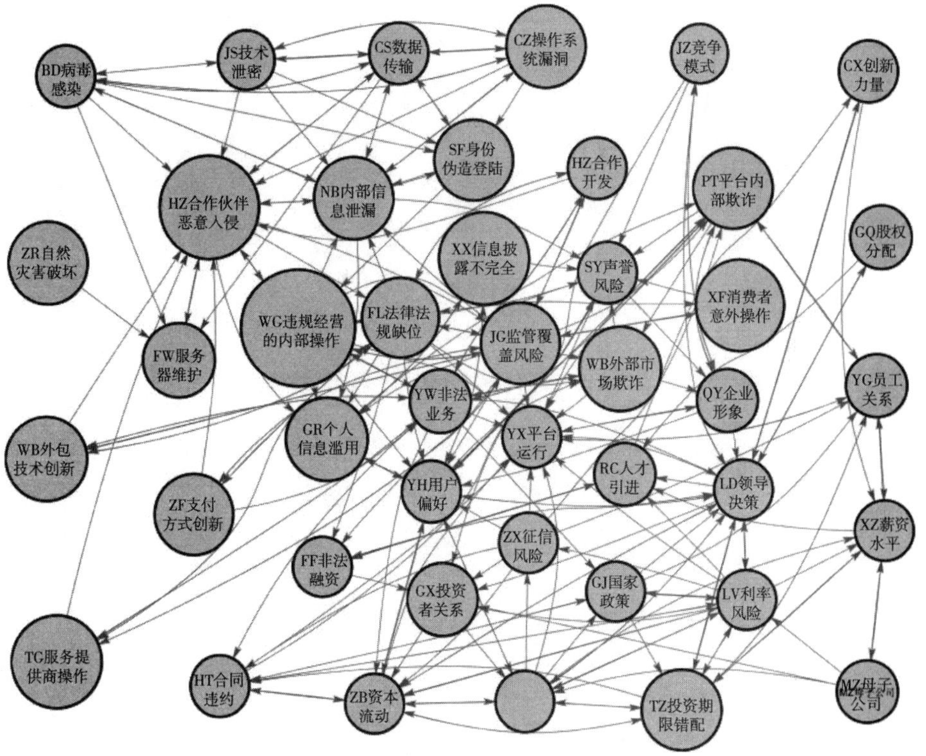

图 6-1　互联网金融风险子网网络

由图 6-2 传统金融业子网与监管子网网络图可知，传统金融子网与监管子网的总节点数较少，并没有很高的连通性。传统金融子网有 21 条边，节点度平均为 2.6250，在有向网络中，这意味着每个传统金融风险节点平均只与1～2个传统金融风险节点有单边或双边直接影响关系。监管子网有 49 条边，节点度平均为 4.4545，在有向网络中，这意味着每个传统金融风险节点平均只与 2～4 个传统金融风险节点有单边或双边直接影响关系。究其原因是互联网金融复杂系统中，互联网金融风险子网是核心层，主要是分析互联网金融风险向传统金融业的扩散，以及监管规制手段对互联网金融风险的影响。

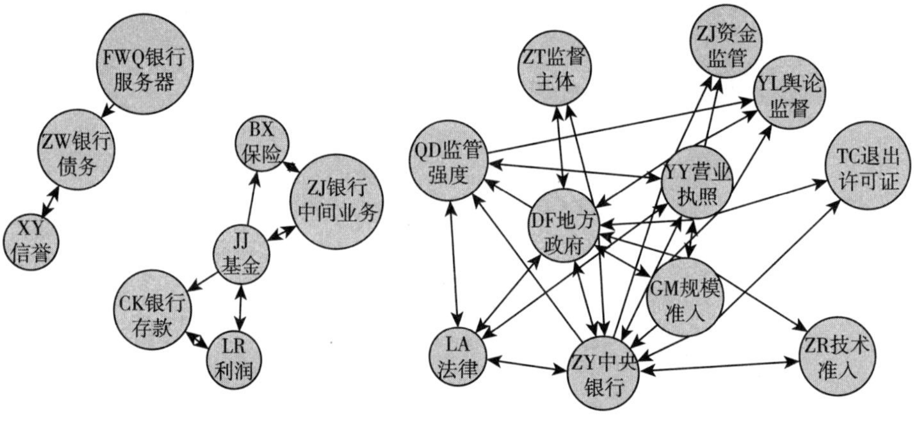

图 6-2　传统金融业子网与监管子网网络

注：a 为传统金融业子网，b 为监管子网。

多层互联网金融复杂网络示意图如图 6-3 所示，由图可知，多层互联网金融风险传染复杂系统中，三个子网具有明显的分层聚集性。

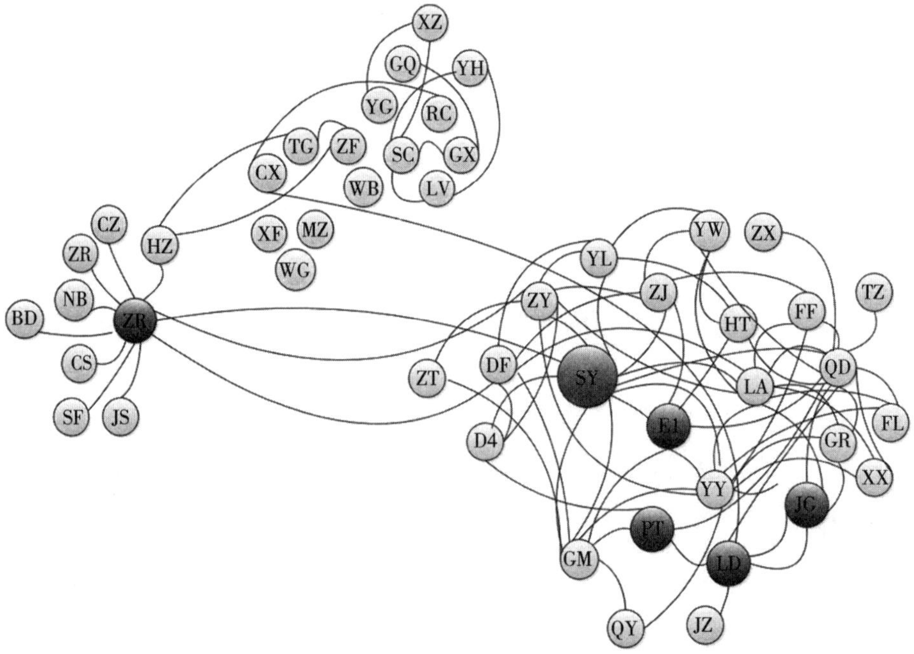

图 6-3　多层互联网金融系统网络示意

6.3.2 多层互联网金融网络基本结构特征与可视化

表 6－9 是按照上一节中单层及多层复杂网络拓扑性质公式，计算出三个子网，以及三层互联网金融的结构特征。在最开始计算平均路径长度时，结果是无穷大，出现了孤立点，即节点的度为了去掉网络中孤立的节点 $k=0$，此时复杂网络不再具有小世界特性。为了更好地研究复杂网络的统计特征，过滤掉度小于 2 的节点，再计算网络的拓扑性质，如表 6－9 所示。

表 6－9 多层互联网金融网络基本结构特征

网络	边数	节点数	平均度	平均路径长度	网络密度	集聚系数
$G_1(\delta,t)$	280	43	6.5116	7	2.9347	0.4101
$G_2(\delta,t)$	21	8	2.6250	2	0.6429	0.7500
$G_3(\delta,t)$	49	11	4.4545	3	1.6545	0.8909
$ISF(\delta,t)$	577	62	9.3065	5	2.4379	0.3051

注：$G_1(\delta,t)$表示互联网金融风险子网，$G_2(\delta,t)$表示传统金融业子网，$G_3(\delta,t)$表示监管子网，$ISF(\delta,t)$表示三层互联网金融网络。

由表 6－9 可知，第一，从节点数和边数来看，互联网金融子网风险远远大于其他两个子网络，其平均度达 6.5116，可知互联网金融复杂系统中风险具有分层聚集性。第二，监管子网的节点数为 11，但是其边数为 49，远远大于传统金融业子网，可见，较之传统金融业子网，互联网金融监管对互联网金融风险的影响较大。另外，复杂网络的系统性风险可以由网络密度来衡量，互联网金融子网的网络密度最高为 2.9347，监管子网次之，网络密度为 1.6545，表明互联网金融子网风险极大。第三，平均路径长度和聚集系数反映了风险传染的广度和深度。监管子网集聚系数达到 0.8909，平均路径长度为 3，说明一个监管风险节点传染给另外一个节点，平均需要 3 个风险；监管子网聚集系数也达到 0.7500，平均路径长度为 2，说明一个监管风险节点传染给另外一个节点，平均需要 2 个风险节点。说明在单层子网络中，单个风险可以通过较短的路径传播至同网络的其他节点。但是对于三层互联网金融风险复杂系统中，集聚系数为 0.3051，平均路径长度为 5，说明较之子网络，整个互联网金融风险复杂系统的小世界效应更弱。

6.3.3 互联网金融风险子网网络结构特征

研究互联网金融风险子网的网络结构特征，主要从节点度及度分布、节点重要性和中心性度量方面来阐述。

(1) 节点度及度分布

互联网金融复杂网络系统中，考虑有向网络，度分为出度、入度和总度。其中，出度考虑的是节点的风险输出，入度讨论的是节点的风险输入。在现实互联网风险系统中，节点 i 的出度越大说明此节点的风险具有越强的传染能力，该风险要素对其他风险或者其他层网络节点的传染能力较强；类似，节点 i 的入度越大说明此节点的风险抵抗能力较弱，该风险要素更容易被其他风险感染。

节点度：互联网金融子网中节点 i 的度的含义是与风险要素 i 有单向或者双向风险直接影响，从而连接的边的数量，也分为入度与出度，风险要素 i 的入度反映风险流入风险要素 i 的风险要素节点的数量，出度反映风险要素 i 风险输出的风险要素节点数量。根据 6.2.4 节计算公式，互联网金融子网的出度、入度和总度图如图 6-4 所示。其中，每一个竖条中，高度表示度，入度为每一个竖条下方长方形的高度，出度为每一个竖条上方长方形的高度，总度为每一个竖条整体的高度。

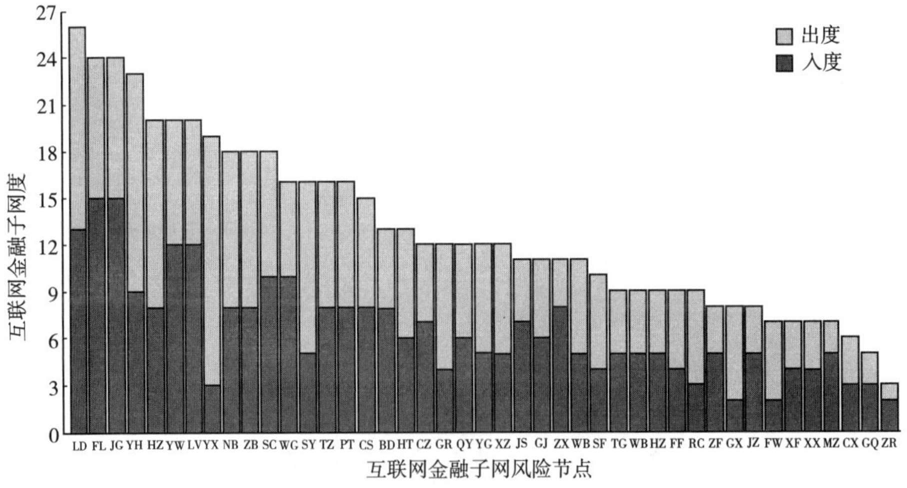

图 6-4 互联网金融子网的出度、入度和总度

注：横坐标为各节点的首字母大写。

观察图 6-4 可知，总节点度用来衡量节点的总体影响能力。节点度前五的风险要素分别是战略管理风险中的领导决策风险，法律法规类风险中的法律法规缺位风险及监管覆盖，运营风险中的用户偏好风险，操作性风险中的合作伙伴恶意入侵。战略管理风险中的领导决策风险作为互联网金融风险中心，单向或双向连接的风险节点数量最多，总连接数达到 26 类风险节点，在互联网金融子网风险层中影响最大。

出度显示从每个风险节点发出的连接边的数量大小，衡量该节点对互联网金融风险子网中其他风险节点的传染强度。出节点度前五的风险要素分别是风险法律法规类风险中的法律法规缺位风险、监管覆盖风险，战略管理风险中的领导决策风险，操作类风险的违规经营内部操作风险，运营风险中的利率风险。六大类风险类型中，领导决策风险节点仍然是最重要的节点。法律法规缺位风险、违规经营的内部操作风险和利率风险因素表现出比其他风险节点更强有劲的感染力。一国的利率会影响整个市场的经济水平，所以利率风险是不可避免的。

节点入度表示该类互联网金融风险节点，受其他风险节点攻击的敏感性。入度前五的风险要素分别是信用风险类型的平台运行风险，战略管理风险中的领导决策风险，运营风险中的用户偏好，操作性风险中的合作伙伴恶意入侵风险。

由第二章第一节可知，互联网金融风险共 43 个节点，但是可以归纳为六大类风险。研究六大类风险的传染性，将六大类风险的细分风险节点的节点总度进行加总并排序，如表 6-10 所示。

表 6-10　互联网金融子网络六大风险类型的节点度

风险类型	信息技术风险	操作性风险	法律法规性风险	信用性风险	运营风险	战略管理风险
节点总数	89	78	123	86	87	97
平均值	11.1250	11.1429	15.3750	14.3333	17.4000	10.7778
排序	5	4	2	3	1	6

由表 6-10 可知，就整体而言，六大风险类型影响力前两位为运营风险和法律法规性风险。但是从图 6-4 的分析可知，就细化分类而言，战略管理风险中的领导决策风险在互联网金融子网风险层中影响最大。

从实践的角度来看，领导决策风险是互联网金融风险子网中最为关键的节点，其不仅是许多风险节点因素的接入点，而且也是主动辐射其他风险节点的接出点，这是由于互联网金融平台公司结构的缘故，无论是在业务发展中合同的签订，还是融资的选择或资金的使用，企业的管理都由公司领导层决定。另外一方面，法律法规、市场周期、技术信息也对企业领导者决策产生影响。

度分布：通过计算节点的度分布，研究网络的小世界及无标度效应。第2章中分析现实互联网金融网络通常具有类似小世界特性及无标度特性。小世界特性的度分布对应泊松分布，类似于均匀分布；无标度特性对应幂律分布，幂律分布图形上显示出右偏厚尾的特征，说明网络中存在少数中枢节点(Hubs)。互联网金融子网的出度分布如图6-5所示、入度分布如图6-6所示。

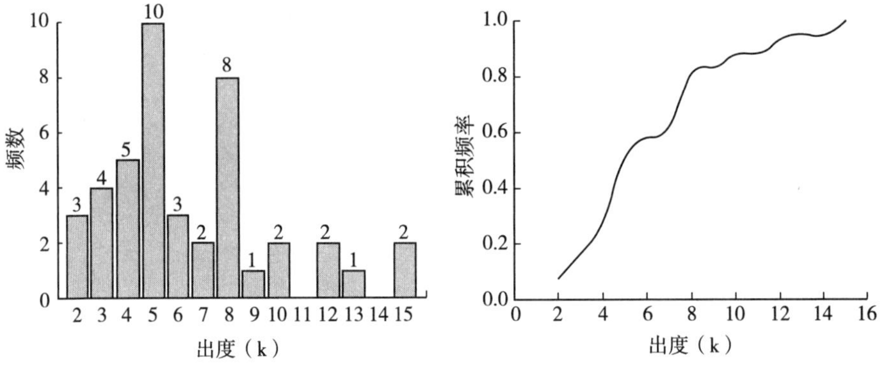

图6-5　互联网金融子网的出度分布

从互联网金融子网出节点度分布来看，大部分节点的度都较小，只有少数节点的度较大。从度累积分布图6-5可以看出：51%节点的度小于5，只有5%节点的度大于13，整体看来可以归为非均匀分布，且类似于无标度特征，即“富者愈富”的现象，但并不属于典型的泊松分布或幂律分布。

从互联网金融风险子网入节点度分布来看，有图6-5的类似结论。从度累积分布图6-6可以看出：50%节点的度小于5，只有5%节点的度大于14，整体看来可以归为非均匀分布，且类似于无标度特征，即“富者愈富”的现象，但并不属于典型的泊松分布或幂律分布。

(2) 节点重要性和中心性度量

对互联网金融子网的重要节点进行进一步识别，计算度的中心性、介数中

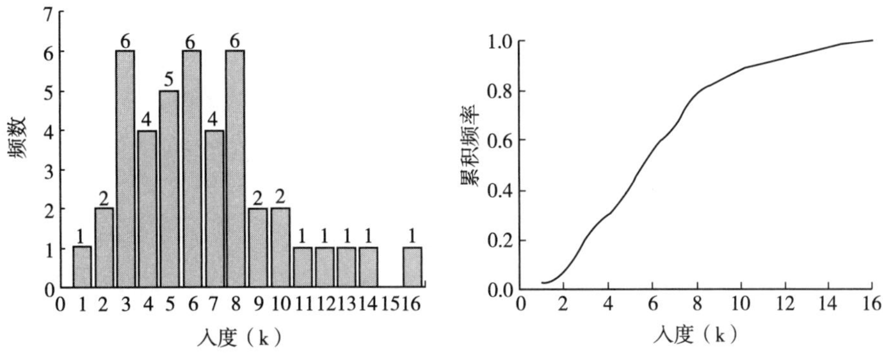

图 6-6　互联网金融子网的入度分布

心性、接近度中心性三个指标，并进行排序，表 6-11 列出了前五名。

表 6-11　互联网金融子网中节点重要性指标的前五名

排序	节点	度中心性	排序	节点	介数中心性	排序	节点	接近度中心性
1	领导决策	0.6190	1	合作伙伴恶意入侵	71.9570	1	平台运行	0.4884
2	法律法规缺位	0.5714	2	声誉风险	71.9570	2	法律法规缺位	0.4565
3	监管覆盖风险	0.5714	3	平台运行	59.0038	3	监管覆盖风险	0.4565
4	用户偏好	0.5476	4	违规经营内部操作	42.7611	4	声誉风险	0.4565
5	合作伙伴恶意入侵	0.4762	5	领导决策	41.7257	5	违规经营内部操作	0.4330

从表 6-11 可知，度中心性前五名为领导决策、法律法规缺位、监管覆盖风险、用户偏好、合作伙伴恶意入侵。接近度中心性前五名为平台运行、法律法规缺位、监管覆盖风险、声誉风险、违规经营内部操作。其中，法律法规性风险中的法律法规缺位风险、监管覆盖风险度中心性和接近度中心性都进入前五，是网络中非常重要的节点，应当在监管中予以高度重视。

整体来看，主要风险节点（前五名）的度中心性较为稳定，但在这些节点的中心程度即接近度中心性有所变动，领导决策、用户偏好、合作伙伴恶意入侵三个节点的中心程度跌出前五名，介数中心性反应节点重要性，介数中心性第一的是合作伙伴恶意入侵节点，但其接近度中心性排名跌出前五名，声誉风险、违规经营内部操作、领导决策节点的介数中心性有所上升，平台运行、法律法规缺位节点的介数中心性均有所下降。

6.3.4 传统金融子网网络结构特征

研究传统金融子网的网络结构特征，特别是传统金融子网在有向情形的拓扑性质，主要从节点度及度分布、节点重要性和中心性度量方面来阐述。

(1) 节点度及度分布

节点度：传统金融子网中节点 i 的度的含义是与节点 i 有单向或者双向风险直接影响，从而连接的边的数量，也分为入度与出度，节点 i 的入度反映风险流入节点 i 的节点的数量，出度反映节点 i 风险输出的节点数量。根据 6.2.4 节计算公式，传统金融子网的出度、入度和总度如图 6-7 所示。

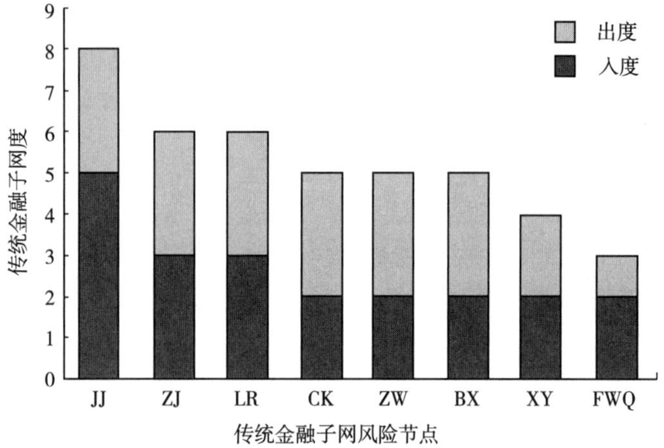

图 6-7 传统金融子网的出度、入度和总度

图 6-7 中，竖条与度、入度、出度的表示与图 6-4 类似。总节点度用来衡量节点的总体影响能力，反映在互联网金融风险传染系统中，互联网金融风险通过业务、资金、技术等渠道传染到传统金融业的过程中，传统金融业子网中占据重要影响的节点因素。节点度前五名的风险要素分别是证券、银行中间业、利润、银行存款、银行债务。证券排名第一，说明互联网金融系统中，进一步对中小微企业融资发挥了重要的功能。

度分布：计算节点的度分布，研究传统金融子网度分布，传统金融业子网的总度分布如图 6-8 所示。

传统金融子网的节点总数为 8，从总节点度分布来看，大部分节点的度都较小，只有少数节点的度较大。从度累积分布图 6-8 可知：63%节点的度小

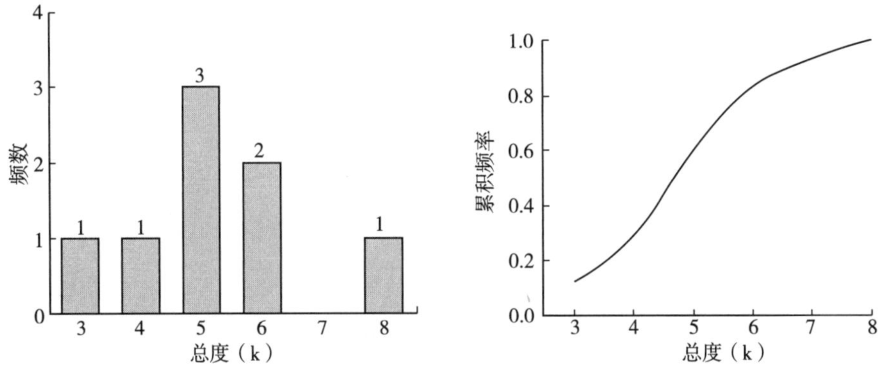

图 6－8　传统金融子网的总度分布

于 5，只有 10％节点的度大于 7，整体看来可以归为非均匀分布，且类似于无标度特征，即“富者愈富”的现象，但并不属于典型的泊松分布或幂律分布。

（2）节点重要性和中心性度量

对传统金融子网的重要节点进行进一步识别，计算度的中心性、介数中心性、接近度中心性三个指标，并进行排序，表 6－12 列出前五名节点。

表 6－12　传统金融子网中节点重要性指标的前五名

排序	节点	度中心性	排序	节点	接近度中心性
1	证券	1.1429	1	银行债务	2.3333
2	利润	0.8571	2	银行服务器	1.7500
3	银行中间业务	0.8571	3	信誉	1.4000
4	银行存款	0.7143	4	证券	1.1667
5	银行债务	0.7143	5	银行存款	0.8750

从表 6－12 可知，传统金融子网的度中心性前五名为证券、利润、银行中间业务、银行存款、银行债务。接近度中心性前五名为银行债务、银行服务器、信誉、证券、银行存款。其中，银行债务、证券、银行存款节点的度中心性和接近度中心性都进入前五名，是网络中非常重要的节点。

整体来看，主要节点（前五名）的度中心性较为稳定，但在这些节点的中心程度即接近度中心性有所变动，银行债务由原来的第 5 名上升至第 1 名，银行服务器的中心程度升为第 2 名，信誉的中心程度升为第 3 名，利润、银行中间业务节点跌出前五名。

6.3.5 互联网监管子网网络结构特征

研究互联网监管的网络结构特征，特别是互联网监管在有向情形的拓扑性质，主要从节点度及度分布、节点重要性和中心性度量方面来阐述。

(1) 节点度及度分布

节点度：根据 6.2.4 节计算公式，互联网金融子网的出度、入度和总度如图 6-9 所示。

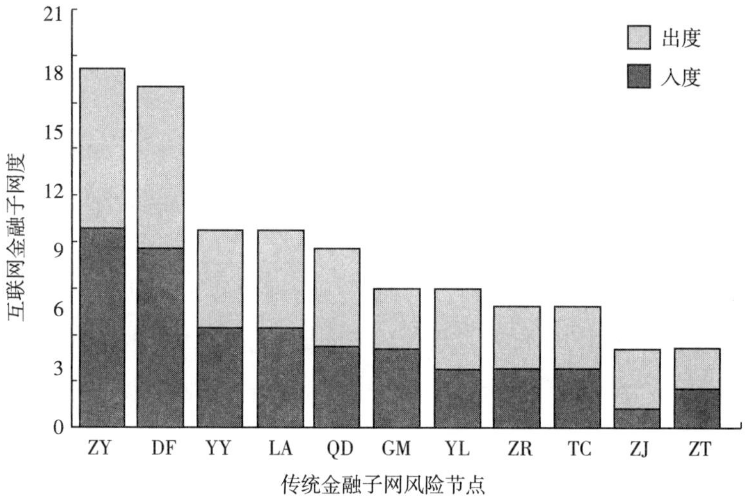

图 6-9 监管子网的出度、入度和总度

图 6-9 中，竖条与度、入度、出度的表示与图 6-4 类似。总节点度用来衡量节点的总体影响能力，反映在互联网金融市场风险传染中占据重要影响的风险节点因素。节点度前五名的风险要素分别是中央银行、地方政府、营业执照、法律法规完善、监管强度。中央银行作为监管子网中心，单向或双向连接的节点数量最多，总连接数达到 18，在监管子网险层中影响最大。

节点出度（出度为每一个竖条上方长方形的高度）显示从每个监管节点发出的连接边的数量大小，衡量该节点对监管子网中其他监管节点的影响强度。出节点度前五名的监管要素分别是中央银行、地方政府、营业执照、法律、监管强度。节点入度（入度为每一个竖条下方长方形的高度）表示该类监管节点受监管要素节点影响的敏感性。在互联网金融监管系统中，入度前五名的风险要素分别是中央银行、地方政府、营业执照、法律、监管强度。

由此可见，监管子网中节点的出度、入度及总度的前五名均保持一致。从实践的角度来看，中央银行是监管子网中最为关键的节点，其不仅是许多监管节点因素的接入点，而且也是主动辐射其他监管节点的接出点，这是由于互联网金融监管制度的缘故，中国人民银行是国务院组成部门，是互联网金融风险治理的牵头部门，是整个监管子网的核心。

度分布：计算节点的度分布，研究监管子网度分布，监管子网出度分布如图 6－10 所示，入度分布如图 6－11 所示。

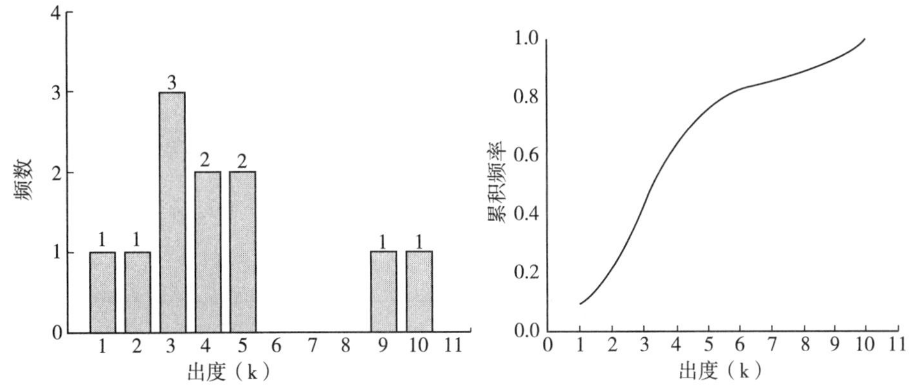

图 6－10 监管子网的出度分布

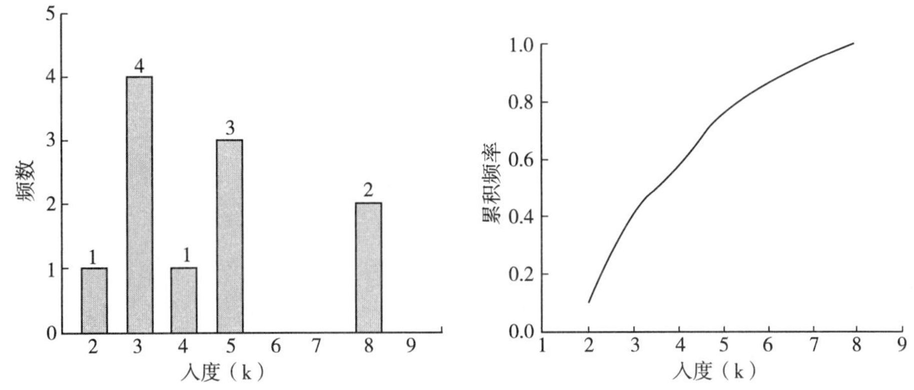

图 6－11 监管子网的入度分布

从监管子网出节点度分布来看，只有少数节点的度较大。从度累积分布图 6－10可以看出：50%节点的度小于3，只有 5%节点的度大于9，整体看来可以归为非均匀分布，且类似于无标度特征，但并不属于典型的泊松分布或幂律分布。

从监管子网入节点度分布来看，与其他两个子网类似，只有少数节点的度较大。从度累积分布图 6-11 可以看出：50%节点的度小于 4，只有 5%节点的度大于 8，整体看来可以归为非均匀分布，且类似于无标度特征，但并不属于典型的泊松分布或幂律分布。

(2) 节点重要性和中心性度量

对监管子网的重要节点进行进一步识别，计算三个指标（度的中心性、介数中心性、接近度中心性）并排序，表 6-13 列出前五名。

表 6-13　监管子网中节点重要性指标的前五名

排序	节点	度中心性	排序	节点	介数中心性	排序	节点	接近度中心性
1	中央银行	1.8000	1	中央银行	9.6890	1	中央银行	0.6250
2	地方政府	1.7000	2	地方政府	2.8972	2	监管强度	0.5000
3	法律完善	1.0000	3	监管强度	0.9885	3	地方政府	0.4762
4	营业执照	1.0000	4	营业执照	0.3548	4	营业执照	0.4348
5	监管强度	0.9000	5	其他	0	5	资本监管	0.4167

从表 6-13 可知，监管子网的度中心性前五名为中央银行、地方政府、法律完善、营业执照、监管强度。接近度中心性前五名为中央银行、监管强度、地方政府、营业执照、资本监管。其中，地方政府、营业执照、监管强度节点的度中心性和接近度中心性都进入前五名，是监管子网网络中较为重要的节点，应当在监管中予以高度重视。从整体来看，主要监管节点（前五名）的度中心性较为稳定，但在这些节点的中心程度即接近度中心性有所变动，监管强度的中心程度上升了 3 名，法律完善的中心程度跌出前五名，资本监管的中心程度上升至前五名。介数中心性反应节点重要性，介数中心性与度中心较为一致，监管强度的重要性上升了 2 名，监管强度稍微有所下降。

从三个子网的网络结构分析可知，互联网金融子网风险节点的传染性特征能较好体现，但是只单独讨论监管子网和传统金融子网节点的传染性，显然并不能很好体现互联网金融风险向传统金融业扩散，以及监管政策及风险规制手段对互联网金融风险的影响。因此，下面以互联网金融子网为核心，讨论其与外围层之间的关系。

6.3.6　互联网金融风险子网与传统金融子网的交叉层

互联网金融风险子网是互联网金融风险传染的核心，在多层互联网金融复杂系统中，重点在于其他两类子网与互联网金融风险子网的风险影响。根据多层复杂网络的拓扑性质，节点之间的关联会涉及跨层之间的连接，由公式（6－12）可以计算层与层之间边的节点度，公式（6－14）还可以计算各层边的异质性，等等。

(1) 层节点度

首先，分析互联网金融风险子网中节点对传统金融子网的连接数，再进一步分析传统金融子网对互联网金融风险子网中节点的连接数，依次分析两个子网络之间的风险传染路径。互联网金融风险子网对传统金融子网的节点总度前五名如表 6－14 所示，传统金融子网对互联网金融子网的节点总度前五名如表 6－15所示。

表 6－14　互联网金融子网对传统金融子网的节点总度前五名

排序	节点	出度	入度	总度
1	国家政策风险	10	7	17
2	违规经营的内部操作	7	0	7
3	声誉风险	4	3	7
4	资本流动	4	3	7
5	非法融资	4	1	5

表 6－15　传统金融子网对互联网金融子网的节点度前五名

排序	节点	出度	入度	总度
1	银行服务器	12	11	23
2	银行存款	7	5	12
3	利润	6	6	12
4	银行债务	6	5	11
5	银行中间业务	3	5	8

互联网金融和传统金融两层网络之间连接的节点数量明显少于其他子网。由表 6－14 互联网金融子网中节点对传统金融子网的连接可知，这两个子网络间主要通过法律法规性风险、信用风险、运营风险作为传输路径。

由表 6－15 传统金融子网对互联网金融子网的节点连接可知，最突出的是银行服务器节点，其反映了互联网银行服务的压力。此外，银行存款、银行债务、银行中间业务、利润节点发挥着至关重要的作用。由此可知，银行作为互联网金融交易的最终结算环节，银行服务器节点在互联网金融子网与传统金融子网的交叉层连接中起着重要作用，是互联网金融风险向传统金融业扩散的主要途径。

(2) 层间度的相关性

通过计算互联网金融多层网络中两层之间的皮尔逊相关系数或者Spearman秩相关系数来度量层间度相关性。监管子网和互联网金融子网的相关系数为0.036，两个子网相似的显著性水平为$p=0.932$，远远大于0.1，显然两者之间没有很强的相似性。

6.3.7 互联网金融风险子网与监管子网的交叉层

(1) 层节点度

首先分析互联网金融风险子网中节点对监管子网的连接数，再进一步分析监管子网对互联网金融子网中节点的连接数，依次分析两个子网络之间的风险传染路径。互联网金融风险子网对监管子网的节点总度前五名如表6-16所示。监管子网对互联网金融风险子网的节点总度前五名如表6-17所示。

表6-16 互联网金融风险子网对监管子网的节点总度前五名

排序	节点	出度	入度	总度
1	市场周期	6	6	12
2	非法业务	5	5	10
3	利率风险	5	5	10
4	用户偏好	5	4	9
5	外部市场欺诈	5	3	8

表6-17 监管子网对互联网金融风险子网的节点度

排序	节点	出度	入度	总度
1	监管强度	9	12	21
2	技术准入	8	9	17
3	营业执照	6	9	15
4	法律	2	10	12
5	资金监管	4	5	9

由表 6－16，互联网金融子网中节点对监管子网的连接度可知，这两个子网络间主要通过运营风险、法律法规性风险、信用风险作为传输路径。

由表 6－17，监管子网对互联网金融风险子网的节点连接可知，最突出的是监管强度，充分反映了我国互联网金融对监管政策的敏感性，习惯游走于合法与不合法的边缘，也印证了现阶段随着监管政策的趋严引发 P2P 网贷市场及众筹市场的众多平台停业或关闭。此外，技术准入节点发挥着至关重要的作用，特别是对于网贷等市场，有利于保证投资者或者受众的财务安全，避免技术不足引发的操作性等风险，营业执照决定互联网金融企业是否能合法经营，以及合理的退出机制可以有效避免跑路潮，从而引发互联网金融市场的系统性风险，乃至整个金融体系的震荡。此外，法律、资金监管等监管政策发挥着至关重要的作用。

(2) 层间度的相关性与网络相似性

两个子网的相关系数矩阵为 0.120，两个子网相似的显著性水平为 $p=0.725$，远远大于 0.1，显然两者之间没有很强的相似性。

6.3.8 整个互联网金融风险多层网络

(1) 节点的层活跃性

公式（6－13）可以计算节点在层间的活跃性，即与节点 i 连接的层数。

互联网金融子网中节点的层活跃性：互联网金融子网中节点并不是和其他两层均有连接，计算互联网金融子网中节点 i 连接其他两个子网的层数，互联网金融子网中节点的层活跃性前十名，以及节点 i 在整个多层互联网金融网络系统中的总连接度，如表 6－18 所示。

表 6－18 互联网金融子网中节点的层活跃性前十名

排序	节点	连接层数	连接入度	连接出度	连接总度
1	非法业务风险	2	19	15	34
2	用户偏好风险	1	14	18	32
3	资本流动风险	2	15	16	31
4	平台运行风险	2	8	22	30
5	市场周期风险	1	16	14	30

（续）

排序	节点	连接层数	连接入度	连接出度	连接总度
6	利率风险	1	17	13	30
7	领导决策风险	1	15	14	29
8	国家政策风险	1	16	12	28
9	法律法规缺位风险	1	17	10	27
10	监管覆盖风险	1	16	11	27

注：按连接总度排序，连接总度的计算方法是计算节点 i 在三层互联网金融网络的总度，包含三个子网及子网间的连接。下同。

由表 6 - 18 可知，互联网金融子网在整个网络中层活跃性较高的节点主要分布在法律法规性风险类型如非法业务风险、国家政策风险、法律法规缺位风险、监管覆盖风险，除非法业务风险与其他两个子网均有连接外，其他节点均是仅与监管子网存在连接；其次是运营风险类型，如用户偏好风险、资本流动风险、市场周期风险、利率风险，除资本流动风险与其他两个子网均有连接外，其余节点只与传统金融子网连接。此外，还有信用风险类型及战略管理风险类型在整个网络中层活跃性较高。

监管子网中节点的层活跃性：监管子网中节点并不是和其他两层均有连接，计算监管子网中节点 i 连接其他两个子网的层数，以及节点 i 在整个多层互联网金融网络系统中的总连接度，分为入度、出度、总度，如表 6 - 19 所示。

表 6 - 19　监管子网中节点的层活跃性前五名

排序	节点	连接层数	连接入度	连接出度	连接总度
1	监管强度	2	16	20	36
2	中央银行	2	18	17	35
3	营业执照	2	14	15	29
4	技术准入	1	11	12	23
5	资金监管	2	10	13	23

由表 6 - 19 可知，监管子网在整个网络中层活跃性较高的节点主要分布在

监管强度、中央银行、营业执照、技术准入、资金监管。除技术准入节点只对互联网金融子网有连接外，其余四个节点与其他两个子网均有连接。

传统金融业子网中节点的层活跃性：传统金融业子网中节点并不是和其他两层均有连接，计算传统金融业子网中节点 i 连接其他两个子网的层数，以及节点 i 在整个多层互联网金融网络系统中的总连接度，分为入度、出度、总度，如表 6－20 所示。

表 6－20　传统金融业子网中节点的层活跃性前五名

排序	节点	连接层数	连接入度	连接出度	连接总度
1	利润	2	13	13	26
2	银行服务器	1	13	12	25
3	银行存款	2	13	11	24
4	保险	2	11	11	22
5	银行债务	2	10	10	20

由表 6－20 可知，传统金融业子网在整个网络中层活跃性较高的节点主要分布在利润、银行服务器、银行存款、保险、银行债务。除银行服务器节点只对互联网金融子网有连接外，其余四个节点与两类子网均有连接。

（2）节点层之间的参与系数

由表 6－16 至表 6－18 可知，节点 i 与 j 的出度或入度或总度会存在相同的情况，连接情况也有可能相同。应该进一步讨论，节点 i 与 j 的重要性是否存在比较显著的差异性，公式（6－14）可以计算节点层之间的参与系数，来探讨各层边的异质性。

互联网金融子网中节点的参与系数：计算互联网金融子网中节点 i 在层之间的参与系数 P_i，其中 $P_i \in [0, 1]$。当且仅当节点 i 的连接是等可能地分布在 M 层时，$P_i=1$；当节点 i 仅在一层上活跃时，$P_i=0$。互联网金融子网中节点的参与系数前十名，如表 6－21 所示。

表 6－21　互联网金融子网中节点的参与系数前十名

排序	节点	节点的参与系数	排序	节点	节点的参与系数
1	非法融资	0.9557	2	资本流动	0.8616

（续）

排序	节点	节点的参与系数	排序	节点	节点的参与系数
3	外部市场欺诈	0.8571	7	市场周期	0.7200
4	非法业务	0.8304	8	国家政策	0.7156
5	平台运行	0.7967	9	技术泄密	0.7148
6	自然灾害破坏	0.7200	10	信息披露不完全	0.6942

互联网金融子网中节点在各层边的异质性差别很大。非法融资节点在层之间的参与系数 $P_i=0.9557$，非常接近于1，说明法律法规性风险中非法融资节点与传统金融子网及监管子网的连接性很强。表6－21中是互联网金融子网中节点的参与系数前十名，第十名是信息披露不完全节点，在层之间的参与系数 $P_i=0.6942$，说明法律法规性风险中的信息披露不完全节点与传统金融子网及监管子网有较强的连接性。互联网金融子网中风险主要通过法律法规性风险、运营性风险、信用风险、技术信息风险这几大类风险与传统金融子网及监管子网进行风险传染。此外，互联网金融子网中有较多节点在层之间的参与系数 $P_i=0$，如消费者意外操作风险、外包技术创新风险、投资者关系、创新力量、竞争模式、员工关系、人才引进、薪资水平、股权分配、母子公司等，说明这些风险节点只在互联网金融子网这一层活跃，特别是管理战略风险类型，在互联网金融市场的风险传播中起到关键性作用，但是在传统金融子网及监管子网层并不活跃。

监管子网中节点的参与系数：计算监管子网中节点 i 在层之间的参与系数 P_i，监管子网中节点的参与系数前十名如表6－22所示。

表6－22　监管子网中节点的参与系数前十名

排序	节点	节点的参与系数	排序	节点	节点的参与系数
1	退出许可证	0.9643	6	中央银行	0.8522
2	资金监管	0.9414	7	规模准入	0.7467
3	舆论监督	0.9337	8	法律	0.7438
4	营业执照	0.8918	9	监督主体	0.6667
5	监管强度	0.8542	10	技术准入	0.5784

监管子网中节点在各层边的参与度较高。其中，退出许可证节点在层之间的参与系数 $P_i=0.9643$，非常接近于1，说明退出许可证节点与传统金融子网及互联网金融子网的连接性很强。表6-22中是监管子网中节点的参与系数前十名，第十名是技术准入节点，在层之间的参与系数 $P_i=0.5784$，说明技术准入风险与传统金融子网及互联网金融子网有较强的连接性。监管子网主要通过退出许可证、资金监管、舆论监督、营业执照、监管强度等节点与传统金融子网及互联网金融子网进行风险传染。此外，监管子网中节点在各层边的参与度最低的是地方政府，参与系数 $P_i=0.3825$，与其他两个子网仍有一定的活跃性。

传统金融业子网中节点的参与系数：计算传统金融业子网中节点 i 在层之间的参与系数 P_i，监管子网中节点的参与系数排序如表6-23所示。

表6-23　传统金融业子网中节点的参与系数

排序	节点	节点的参与系数	排序	节点	节点的参与系数
1	保险	0.9917	5	利润	0.9586
2	银行中间业务	0.9900	6	银行存款	0.9323
3	证券	0.9825	7	银行债务	0.8925
4	信誉	0.9600	8	银行服务器	0.2064

表6-23中，传统金融业子网中节点在各层边的参与度较高。保险节点在层之间的参与系数 $P_i=0.9917$，非常接近于1，说明保险节点与监管子网及互联网金融子网的连接性非常强。传统金融业子网中的银行服务器节点在各层间的参与系数最低，参与系数 $P_i=0.2064$。

对三层互联网金融复杂网络中所有节点的各层边参与度排序，参与系数前十名如表6-24所示。

表6-24　三层互联网金融系统中节点的参与系数前十名

排序	节点	节点的参与系数	排序	节点	节点的参与系数
1	保险	0.9917	3	证券	0.9825
2	银行中间业务	0.9900	4	退出许可证	0.9643

（续）

排序	节点	节点的参与系数	排序	节点	节点的参与系数
5	信誉	0.9600	8	资金监管	0.9414
6	利润	0.9586	9	舆论监督	0.9337
7	非法融资	0.9557	10	银行存款	0.9323

由表 6-24 可知，从三层互联网金融系统整体来看，相较于互联网金融风险子网，传统金融业子网与监管子网节点的参与系数较高，在层间的活跃度较高。

6.4 本章小结

本章基于互联网金融风险理论及多层复杂网络理论，在厘清互联网金融风险传染复杂系统基础上，构建复杂网络并可视化，探讨了多层互联网金融风险传染复杂网络上金融风险传染效应的量化方法。首先，从子网网络结构特征量，分析互联网金融子网、传统金融子网、监管子网的网络结构特征，分别分析三个网络的节点的重要性、中心性。其次，分析互联网金融子网与传统金融业子网及监管子网的交叉层，主要通过层节点度、层间度的相关性来分析层与层之间的关系。最后，通过节点在各层间的活跃性，以及节点在层间的参与系数等测度指标来分析整个互联网金融风险多层网络。本章主要结论如下：

第一，多层互联网金融复杂系统中风险具有明显的分层聚集性，互联网金融子网的网络连通性明显比其他两个子网高，网络密度为 2.9347，较之子网络，整体互联网金融网络的小世界效应更弱。从三个子网络的度分布来看，具有类似无标度特征，不属于典型的泊松分布或幂律分布。

第二，互联网金融风险子网连通性相当高。从连接数量看，战略管理风险中的领导决策风险，法律法规类风险中的法律法规缺位及监管覆盖风险，运营风险中的用户偏好风险，操作性风险中的合作伙伴恶意入侵风险要素连接数量最大，通过不同风险要素连接了互联网金融风险子网上几乎 91%的风险要素。从风险节点重要性看，领导决策风险是互联网金融风险子网中最为关键的节点，其不仅是许多风险节点因素的接入点，而且也是主动辐射其他风险节点的接出点；就整体风险类型重要性而言，六大风险类型中最具影响力的是运营风险、法律法规缺位风险，其次是操作性风险、信息技术风险、战略管理风险；结合风险要素中心性和重要性看，除了节点度最大的领导决策、法律法规缺位、监管覆盖风险之外，重要性和中心性较高的是平台运行、合作伙伴恶意入侵、声誉，以及违规经营的内部操作风险等，都是传染性较强的风险要素。

第三，传统金融子网从连接数量看，银行中间业、利润、保险、银行存款、银行债务要素连接数量最大，通过不同风险要素连接了传统金融子网网络上几乎100%的风险要素。从风险节点重要性看，证券、利润风险是传统金融子网中最为关键的节点，其不仅是许多风险节点因素的接入点，而且也是主动辐射其他风险节点的接出点；结合传统金融子网节点的中心性和重要性看，除了节点度最大的证券、利润风险之外，重要性和中心性较高的是银行债务、银行服务器、信誉等，都是传染性较强的节点。

第四，监管子网从连接数量看，中央银行、地方政府、营业执照、法律法规完善、监管强度节点连接数量最大，通过不同风险要素连接了监管子网上几乎100%的风险要素。从风险节点重要性看中央银行节点是监管子网中最为关键的节点，单向或双向连接的节点数量最多，总连接数达到18；结合风险要素中心性和重要性看，除了节点度最大的中央银行、地方政府、监管强度节点之外，重要性和中心性较高的营业执照也是传染性较强的节点。

第五，互联网金融风险子网和传统金融子网两层网络之间主要通过法律法规性风险、信用风险、运营风险作为传输路径；互联网金融子网和监管子网两层网络间主要通过运营风险、法律法规性风险、信用风险作为传输路径；由传统金融子网对互联网金融风险子网的节点连接可知，最突出的是银行服务器节点；监管子网对互联网金融子网的节点连接可知，最突出的是监管强度节点。

第六，互联网金融子网在整个网络中层活跃性较高的节点主要分布在法律法规性风险类型及运营风险类型；监管子网在整个网络中层活跃性较高的节点主要分布在监管强度、中央银行、营业执照、技术准入、资金监管；传统金融业子网在整个网络中层活跃性较高的节点主要分布在利润、银行服务器、银行存款、保险、银行债务。

第七，互联网金融子网中节点在各层边的异质性差别很大，法律法规性风险中非法融资节点与传统金融子网及监管子网的连接性很强，但也有较多节点在层之间的参与系数为0，特别是管理战略风险类型，只在互联网金融风险子网这一层活跃；监管子网中节点在各层边的参与度较高，退出许可证节点与传统金融子网及互联网金融子网的连接性很强，地方政府节点在各层间的参与系数最低；传统金融业子网中节点在各层边的参与度较高，银行服务器节点在各层间的参与系数最低；从三层互联网金融系统整体来看，相较于互联网金融风险子网，传统金融业子网与监管子网节点的参与系数较高，在层间的活跃度较高。

7 结论、建议与研究展望

7.1 回望与主要结论

本文在梳理互联网金融发展理论及风险传染复杂性理论框架的基础上，基于《货币与金融统计手册及编制指南（2016）》探讨了中国互联网金融总量核算；在此基础上，构建互联网金融发展绩效测度体系，继而测度了其发展绩效，并对其发展程度微观影响因素进行了实证研究；基于互联网金融风险传染的复杂性及多层复杂网络理论，构建了多层互联网金融复杂网络。基于复杂网络技术，从不同角度与不同层次研究了互联网金融风险系统的传染特征与传染效应。一是对互联网金融基本概念、互联网金融总量核算、互联网金融发展绩效、互联网金融风险传染、复杂网络在互联网金融风险传染中的应用这几个方面进行了文献的梳理与评述。二是基于货币统计视角，设计了中国互联网金融资产负债表及核算原则，采用虚拟化的方式，利用互联网金融的虚拟资产和负债来衡量其中介金融规模，继而反映互联网金融总体发展水平，也为后文中互联网金融的内涵与边界分析做出铺垫。三是参考与借鉴权威机构发布的各种绩效评价办法、相关专家及学者的相关研究、经营绩效指标及管理绩效指标，构建了互联网金融发展绩效评价指标体系，对三类重要互联网金融平台进行绩效测度，从而摸清互联网金融发展底数；进一步在测度了互联网金融发展程度的基础上，对细分业态互联网金融发展程度微观影响因素进行实证研究。四是基于互联网金融风险传染特性，从互联网金融风险传染复杂性角度，从“风险诱因”“风险传染路径”“风险规制手段”入手，构造了包含互联网金融风险子网、传统金融业子网、监管子网的三层互联网金融风险复杂网络，研究互联网金融风险传染效应。基于网络拓扑结构刻画网络风险演化特征，从不同层次与角度刻画从诱因到向传统金融扩散再到风险规制的风险传染特征。

研究得出了以下主要结论：

互联网金融总量核算方面：①基于货币与金融统计，给出互联网金融的货币统计定义，探讨了互联网金融核算范围，只涵盖第四类，即全新的互联网金融创新模式，核算主体包括第三方支付、第三方借贷、第三方融资平台。②确定核算主体在货币与金融统计体系中的类别归属。三类核算主体都归属于金融辅助机构。③基于《国民经济行业分类》确定互联网金融各业态的具体行业分类，并梳理互联网金融核算客体及归属。④虚拟资产反映互联网金融平台核心金融业务，本文只测算虚拟资产与负债部分。总的来说，先对第三方借贷、第三方融资及第三方支付分项测算虚拟资产，最后加总，初步测算出了 2019 年我国互联网金融资产负债表结构季度数据。

2019 年第三方支付的季度虚拟贷款额分别为 140.6 亿元、152.9 亿元、162.5 亿元、193.0 亿元；2019 年第三方借贷的季度虚拟信用贷款额分别为 131 638 亿元、132 002 亿元、132 186 亿元、132 461 亿元；2019 年第三方融资的季度虚拟股权投资分别为 55.4 亿元、55.0 亿元、56.0 亿元、59.8 亿元；2019 年互联网金融季度虚拟资产分别为 131 778.6 亿元、132 154.9 亿元、132 348.5亿元、132 654.0 亿元。总体来说，2019 年第三方支付、第三方借贷、第三方融资的季度中介金融业务规模均逐渐增大，第三方支付平台的虚拟资产从第一季度的 140.6 亿元增至第四季度的 193.0 亿元，增加额度约为 52.4 亿元；第三方借贷的虚拟资产从第一季度的 131 638 亿元增至第四季度的 132 461 亿元，增加额度约为 823 亿元；第三方融资的虚拟资产从第一季度的 55.4 亿元增至第四季度的 59.8 亿元，增加额度约为 4.4 亿元。整个互联网金融虚拟资产从第一季度到第四季度的增加额度约为 879.8 亿元。2019 年第四季度，第三方借贷在整个互联网金融的虚拟资产占比达 90%以上，增加额度占比约 94%，从中介金融业务规模来看，第三方借贷在互联网金融发展中具有重要地位。

互联网金融发展绩效测度方面，结果表明互联网金融市场发展还存在进步空间。不同类互联网金融平台发展不平衡，同类互联网金融平台内不同金融企业间发展也极度不平衡。第三方借贷、第三方融资及第三方支付平台均有发展领军者，其中第三方支付平台的支付宝、微信发展最为充分。具体来说：①互联网金融的管理绩效对平台发展绩效影响大于经营绩效的影响，且准则层中的风控能力对管理绩效的影响较大，服务质量对经营绩效影响较大。②P2P 网贷平台、众筹平台和第三方支付平台的发展绩效主要决定指标不同，P2P 网贷平台绩效主要由风险控制能力决定，众筹平台的绩效发展主要取决于平台盈利能力，平台行业影响力及盈利能力则是第三方支付平台绩效的两大主要决定因素。③从动态维度看，P2P 网贷平台资源整合能力和平台法律风险对其绩效影响的变化幅度较大。其中，平台资源整合能力对平台绩效的影响程度越来越大，法律风险对平台绩效的影响程度越来越小。④从整体上来看，两种模型评价结果趋于一致性，熵权- TOPSIS 模型的绩效得分较高的互联网金融平台，使用变异系数法- TOPSIS 模型的评价结果也较高，进一步说明 TOPSIS 类模型在互联网金融发展绩效评价中具有稳健性。

互联网金融发展程度微观影响因素的实证研究方面，在引入“互联网金融平台发展程度”概念的基础上，基于数据可测性原则分别构建 P2P 网贷、众筹及第三方支付平台发展程度微观影响因素的指标体系，运用改进的最优尺度回归方法，找出不同细分业态互联网金融平台发展程度的主要微观影响因素，并厘清各因素影响力的大小排序。结果表明不同类互联网金融平台发展程度微观影响因素存在明显差异。①P2P 网贷平台发展程度的主要微观影响因素是平台类型、借款期限。②对众筹平台发展程度的影响力排在前三位的因素分别是公司规模、平台类型、媒体曝光度，众筹平台发展程度主要取决于公司规模、平台类型，且两者影响程度相差不大。③对第三方支付平台绩效发展程度的影响力排在前三位的因素分别是创新业务能力、平台业务范围、注册资本。④注册资本、公司规模、平台经营规范度对 P2P 网贷平台发展程度基本没有影响，运营时间对众筹平台发展程度基本没有影响。此外，运营时间、专利权数量对第三方支付平台发展程度基本没有影响。

从互联网金融风险传染的网络复杂性来看，基于互联网金融风险传染特性，从互联网金融风险传染复杂性角度，构造了包含互联网金融子网、传统金融业子网和监管子网的三层互联网金融风险复杂网络，研究互联网金融风险传染效应。基于上述研究，有以下几个结论：①互联网金融风险传染是个多属性的复杂性系统，具有互联网金融市场风险内部循环、向传统金融市场传播，以及受监管政策规制的特点。若忽视了机构之间的互联性，都容易陷入泛泛而谈；若忽视风险规制措施在风险传染中的重要作用，则无法分析监管层与互联网金融之间的风险转移路径。②现实互联网金融子网、传统金融业子网和监管子网网络不具有严格意义上的小世界特性和无标度特性。③多层互联网金融复杂系统中风险具有明显的分层聚集性，互联网金融子网的网络连通性明显比其他两个子网高，较之子网络，整体互联网金融网络的小世界效应更弱。④互联网金融风险子网在整个网络中层活跃性较高的节点主要分布在法律法规性风险类型及运营风险类型；监管子网在整个网络中层活跃性较高的节点主要分布在监管强度、中央银行、营业执照、技术准入、资金监管；传统金融业子网在整个网络中层活跃性较高的节点主要分布在利润、银行服务器、银行存款、保险、银行债务。⑤互联网金融风险子网和传统金融子网两层网络之间主要通过法律法规性风险、信用风险、运营风险作为传输路径；互联网金融子网和监管子网两层网络间主要通过运营风险、法律法规性风险、信用风险作为传输路径。⑥互联网金融子网中的法律法规性风险类型，以及运营风险类型风险节点在整个网络中层活跃性较高；监管子网中的监管强度、中央银行、营业执照、技术准入、资金监管在整个网络中层活跃性较高；传统金融业子网的利润、银行服务器、银行存款、保险、银行债务节点在整个网络中层活跃性较高。⑦各层边的参与度比较中，互联网金融子网的非法融资节点参与系数接近 1，但管理战略风险类型的风险节点层的参与系数大多数接近 0，只在互联网金融子网这一层活跃。

7.2 政策启示

根据上述中国互联网金融总量核算、发展绩效测度及风险传染复杂性的研究结论，主要从以下几个方面提出政策启示：完善中国互联网金融统计标准与体系，从监管者和平台经营者角度给出互联网金融稳健发展的建议，完善互联网金融风险预警机制，以及完善信用与金融生态建设机制。

7.2.1 完善中国互联网金融统计标准与体系

当前阶段，进一步完善中国互联网金融统计标准与体系已迫在眉睫。结合第三章研究结论，提出以下四点启示：

第一，借鉴国际标准，完善我国互联网金融统计体系。就目前而言，将互联网金融纳入国民经济核算范围，解决我国互联网金融核算盲点，还存在较大困难，需充分发挥“后发优势”，借鉴国际标准（崔名铠，2015）。国际货币基金组织对货币与金融统计体系的最新修订成果《货币与金融统计手册及编制指南（2016）》，经济合作与发展组织、欧盟等及美国等发达国家均对互联网经济等新经济测度框架进行研究，如《互联网经济展望》、欧盟新经济统计信息系统（许宪春等，2020）。此外，巴塞尔银行监管委员会针对互联网金融发展新形势，制定了新的监管指引、框架及标准（魏源，2018）。以上均对我国互联网金融统计有借鉴之处。

第二，构建中国互联网金融资产负债核算体系，并纳入货币与金融统计体系中。主要包括两个方面：一是丰富互联网金融理论基础。从不同角度进一步研究互联网金融的定义、内涵、核算边界、形成要素、业务结构、核算主体与客体、资产负债划分与分类、核算原则等基本原理问题，形成一套比较科学合理的互联网金融基础理论体系（李文喆，2019）。二是建立我国互联网金融核算理论框架。通过前文的分析可知，我国互联网金融统计尚游离于统计体系之外，互联网金融资产负债的核算理论基础非常薄弱，需以国务院金融业综合统计改革为契机，加快推进我国互联网金融核算理论框架的建立。

第三，制定中国互联网金融统计的国家标准。主要包括两个方面：一是对互联网金融核算理论中的关键问题做出统一规定与解释，如互联网金融机构的定义、主体归属、互联网金融机构的构成及分类编码。互联网金融统计数据编制也迫切需要国家标准进行指导并统一数据口径（聂富强等，2010）。二是针对新型互联网金融机构的部门归属，以及新型产品的类别归属认定，制定一套统一标准。明确互联网金融发展过程中新出现的各类互联网金融产品的风险、流动性等基本属性。

第四，建立并完备我国互联网金融基础数据设施。应构建以中国人民银行为中心的互联网金融机构间及金融机构间数据统计的长效合作机制，解决互联网金融数据口径不统一及获取困难的问题（丁少玲等，2020）。

7.2.2 提高我国互联网金融政府监管政策的协调性

第四章的研究结果表明我国互联网金融市场发展还存在进步空间，互联网金融仍然存在人民日益增长的美好生活需要和不平衡不充分的发展之间的矛盾。目前，中国互联网金融创新及监管政策仍处于探索阶段（陈荣达等，2020）。在政府监管层面上，行业监管是影响互联网金融平台可持续发展的重要因素之一，应提高我国互联网金融政府监管政策的协调性。结合上述分析，从政府监管政策的协调性方面提出以下四点策略建议：

第一，明确监管职责、细化法规法制。一是针对互联网金融监管存在主体、职责和标准不明确等问题，应立法明确互联网金融机构的性质及法律地位。通过建立金融监管部门和地方政府有关部门各司其职的监管机制，提升管理效率。二是采取差异化的监管政策，对互联网金融平台实施监管（马锦春，2016）。针对互联网金融发展不平衡问题，对不同地区、不同细分业态、不同风险特征、不同规模的互联网金融企业分地区、分类、分级建章立制，以实现更有效的监管，筑牢我国互联网金融安全屏障。

第二，营造互联网创新驱动，发展良好生态体系。互联网金融是信息技术革命在金融领域的具体体现，本身就是一种创新，互联网金融发展离不开创新（陈荣达等，2020）。一是“管制型”监管模式无法回应未来互联网金融创新（张晓朴，2014）。要防止监管扼杀创新，对互联网金融新兴市场的监管，应采用“宜疏不宜堵”的方针，着重解决业务创新过程中出现的新问题、新情况。二是构建多元主体协同监管的互联网金融治理体系。互联网监管思想向治理方向转变是大势所趋（李东荣，2016），探究以政府为主，行业协会、互联网金融平台、社会监管资源为辅的“四位一体”的互联网金融治理体系，形成回应性监管模式。

第三，推动互联网金融统计监测、完善征信体系等基础性工作。一是推动互联网金融统计监测。在对互联网金融发展绩效测度研究中，具体量化指标数据通过网络爬虫技术爬取，不利于互联网金融的量化研究，应激励互联网金融统计理论测度研究，加强对互联网金融平台资金流向的动态监测。二是完善征信体系。首先，促进个人信用信息评级服务市场的发展，逐步解决互联网金融中网络虚拟性引发的信息不对称问题。其次，引入第三方信用评级机构，对平台及其核心人员进行信用评估。最后，探索逐步与中国人民银行征信系统对接。

第四，注重行业引领，加强行业自律。研究结果表明互联网金融平台均存在“领军者”，如第三方支付平台中的支付宝等。一是应积极促使互联网金融行业根据行业类别成立行业自律组织，如英国 P2P 金融协会，为整个行业的规范发展起到良好的促进作用。二是制定经营管理规则，约束互联网金融平台主体行为，创建登记披露和信用共享机制，提升行业整体透明性，从行业协会层面规范行业信用。

7.2.3 加强我国互联网金融平台经营的自我调节性

我国互联网金融平台发展程度微观影响因素研究结果表明：不同类平台发展程度的主要影响因素存在很大不同。在外部监管政策趋严背景下，提高我国互联网金融平台经营的自我调节性，对可以通过遵守监管规则，改善自身经营情况继续发展的平台而言，显得尤为重要。结合上述分析，从经营者视角，分别对 P2P 网贷、众筹、第三方支付平台提出以下对策建议：

第一，符合监管规则的 P2P 网贷平台方面，研究结果表明：P2P 网贷平台发展程度的主要微观影响因素是平台类型、借款期限。另外，P2P 网贷行业的信任危机值得探讨。从这三个方面提出具体建议：一是不同类型 P2P 网贷平台找准不同立足点。银行系、上市公司系、国资系平台应继续发挥其第三方评级、规范经营的优势，抢占行业高地；民营系等其他类平台应加强平台自身的风险控制能力，并结合其门槛低、平台用户广泛、市场化程度高等特点，进一步提高金融服务的创新能力，争取在监管趋严的 P2P 网贷行业中找到立足之地（谢广营等，2016）。二是平台适当延长借款期限，能减缓借款人的逾期不还款风险，有利于其发展。值得注意的是，根据借贷利率决定机制，项目的借贷期限越长，其风险补偿要求越高，借款利率越高。因此，P2P 网贷平台应在对借款人个人信用记录、借款标的进行准确的评估，在无资金链断裂危险的前提下，可适当延长借款期限。三是引入第三方征信，使投资者获得借款人个人信用记录，平台进一步加强信息披露机制。使投资者获得尽可能多的借款人信息，有助于准确评估借款人的违约风险，从而逐渐建立 P2P 网贷整体信用机制，弥补明显的信用劣势造成的信任危机。

第二，合规的众筹平台改善方面，研究结果表明：众筹平台发展程度主要取决于公司规模、平台类型、媒体曝光度。从这三个方面提出具体建议：一是不同类型众筹平台找准不同资源定位。股权类平台应抓住其背景实力的优势，抢占行业高地；产品类、公益类、其他类平台应利用其投资人群较广泛、门槛低等特点提高项目的创新能力，在众筹平台行业找到立足之地。众筹平台在改善经营方面，应突出自身专业优势，重点关注优势领域，找准资源定位。二是针对平台领域特点，组建较强的专业团队。研究结果表明：公司规模反映众筹平台的人力资本实力，组建较强的团队，提升平台开设社区的质量，及时更新项目变化信息及动态，提高服务水平有助于短时间内提升众筹平台发展绩效。三是媒体曝光度及平台经营规范度对众筹平台发展产生显著影响。说明众筹平台须时刻记住法律法规红线，合规经营；众筹平台项目存在出资者不理性、易表现出羊群行为，众筹平台应健全公司信息披露机制，与中国人民银行征信系统对接，还可以引入第三方征信使得投资者获得融资方更多的信息，改善投资者因无法获得融资方信息、不能排除风险负向影响而不敢投资的情形。

第三，已取得支付牌照的第三方支付平台方面，研究结果表明：对第三方支付平台发展程度的影响力排在前三位的因素分别是创新业务能力、平台业务范围、注册资本。从这三个方面提出具体建议：一是已取得支付牌照的第三方支付平台的创新业务须达到合规准入要求。平台业务创新能力是平台发展的核心竞争力，平台应鼓励创新，并将之应用于平台，以此优化支付系统，开发新产品。二是第三方支付平台在尽快扩张服务市场范围，积极开拓偏远、农村市场的同时，应进一步扩大应用范围，如日常生活中的各种非网络消费支付情景，提高C端用户的数量与使用频率，扩大其市场份额。负面舆情加速平台衰亡，平台除应该注重平台服务质量，还应该关注第三方网站对其的资质评分。三是第三方支付平台应提高平台资本及人力资本实力，可通过追加注册资本等方式进行合规增信，以及适当地对高层管理人员进行变更。

7.2.4 构建我国互联网金融风险监测预警框架

党的十九大报告提出要牢牢守住不发生系统性金融风险的底线。我国互联网金融风险传染复杂性研究结果表明：互联网金融的长尾特征、羊群效应、网络效应、媒体属性，以及与传统金融业错综复杂的关联性，使得互联网金融局部风险可能迅速波及、传染、放大到整个金融市场，引发我国系统性金融风险。另外，我国互联网金融风险传染是个多属性的复杂性系统，具有互联网金融市场风险内部循环、向传统金融市场传播、受监管政策风险规制的特点。因此，互联网金融风险监管面临新的压力和要求。

第一，建立互联网金融风险监测与预警系统。一是认识互联网金融风险传染复杂性及风险演化特征。战略管理风险中的领导决策风险是互联网金融风险的中心；法律法规缺位风险、监管覆盖风险应当在监管中予以高度重视；互联网金融和传统金融子网络间主要通过法律法规性风险、信用性风险、运营性风险作为传输路径；互联网金融对监管两个子网络间主要通过运营性风险、法律法规性风险、信用性风险作为传输路径；非法融资风险与传统金融子网及监管子网的连接性很强。同时，应加强对管理战略、法律法规性、信用性，以及运营性风险的监测。二是按互联网金融风险在互联网金融复杂网络中的传染特征，可设定不同等级的风险预警提示，加强互联网金融与传统金融业之间的风险监测，对不同等级的风险采取不同的预警机制及风险监管措施，构建全口径的互联网金融风险监测预警分析系统。

第二，加强新型互联网金融业态、产品及服务的风险监测。原因在于：一是新型互联网金融业态、产品及服务是金融创新，本身往往伴随着高风险。二是新型互联网金融业态、产品及服务往往涉及法律法规缺位风险、监管覆盖风险。由之前的分析可知，这些风险在互联网金融复杂网络中占据重要位置，会加剧互联网金融行业与传统金融业乃至整个金融系统的风险传染性。三是互联网金融发展源于创新，各种支付手段不断更新，新的金融业态层出不穷，有效监测新型互联网金融业态、产品及服务风险是互联网金融风险监测预警系统的重要一部分。

第三，更加积极主动地运用金融监管手段，以充分应对潜在系统性风险。一是加强中央银行的互联网金融监管的牵头人主体作用，特别加强退出许可证及资金监管方面的监管强度。二是加强法律完善，特别是针对新型的互联网金融业态方面，应提前做好相关准备，不宜事后再制定法规，否则反而会对互联网金融市场的发展产生不利影响。三是银行服务器节点在互联网金融子网与传统金融子网的交叉层连接中起着重要作用，是互联网金融风险向传统金融业扩散的主要途径。为保证互联网银行的可服务性，应防范银行服务器风险。

第四，监管机构应重点关注互联网金融行业的技术基础设施。一是要求各互联网金融机构建立和完善网络技术安全设施，如入侵检测等。二是健全规避信息技术风险的管理机制，加强技术手段眼球，制定严格规定，以确保系统能够安全稳定的运行。三是建立规范的数据使用机制，目前我国互联网信息泄露问题严重，防止个人信息泄露尤为重要。不管是监管部门，还是第三方信用评级机构，应注重保护数据安全，有效防止信息泄露风险，可避免其进而引发法律风险及声誉风险（杨东，2018）。

7.2.5 完善中国互联网金融生态体系建设

狭义的互联网金融是网上民间金融，互联网金融企业具有平台功能，是促进民间资金融通的辅助机构，而不是传统的中介机构。信息技术的发展与应用，不断提升着金融辅助机构的作用，有力补充了传统中介的不足。当然，互联网金融在发展过程中也出现了不少问题，带来大量风险隐患。除了加强外部监管和内部自律之外，也应该从全社会角度，加强诚信教育，加大对非法金融行为的打击力度，创立与传统金融机构平等的政策环境等，这样才能不断改善我国的金融生态，控制金融发展虚拟化趋势，进而促进各项金融事业的可持续发展。

第一，加强诚信教育，构建互联网金融信用体系。互联网金融各交易主体之间的诚信缺失会导致风险剧增。诚信不仅是互联网金融市场能良性运行的基础，也是互联网金融行业可持续发展的前提。应充分利用信息技术优势，从全社会角度构建网络信用体系，此体系中应包括用户信用、互联网金融企业征信、登记注册、道德评价等各个方面信息（陆岷峰等，2015）。

第二，加大对互联网金融中存在的非法金融行为的打击力度。我国互联网金融行业的前置性法律法规存在缺失，运营规范性存在不足，以及风控能力存在不足，加之互联网金融风险传染具有复杂性，应加大对互联网金融行业的规范力度。特别对集资诈骗、网络洗钱和非法融资等非法行为，要保持高压态势、依法严惩，对互联网金融行业的不法分子起到震慑作用（俞小海，2014）。

第三，创立与传统金融机构平等的政策环境。现代金融发展的理念是公平与效率并重，互联网金融本质仍属于金融业，与传统金融主体之间具有平等的政策是互联网金融主体应该拥有的基本权利。保证互联网金融各参与者之间具有平等性，以及保证互联网金融机构与传统金融机构的参与者之间具有平等性，包含交易、信息等方面的平等，有利于调动互联网金融各方参与者的积极性。

第四，信息新技术与金融的结合，不断催生着互联网金融、数字金融、智能金融等新型金融业态的出现，既不能视为洪水猛兽，也不能放任不管。应加强对互联网金融等新兴业态的关注力度，加快建设相应的统计体系，并通过诚信教育、打击非法金融行为，以及政策环境等方面来形成多元化发展的金融生态系统，以确保互联网金融乃至整个金融生态系统稳健运行。

7.3 可能的主要创新之处

互联网金融是新生事物，与其迅猛发展不相匹配的是理论研究和实践规范相对滞后，其核算理论、发展测度，以及复杂网络在风险传染领域研究较少。本文的可能创新之处主要体现在以下四个方面：

第一，拓展互联网金融核算研究的理论范畴。互联网金融作为新型金融业态，在宏观金融统计方面的现有研究偏重于某种具体形态，缺乏高站位及对现实问题的抽象总结。本文从货币统计视角出发，分析互联网金融的特点，以及通过观察其核心功能、核心结果、核心主体三个维度，提炼了货币统计视角下的互联网金融定义，通过系统归类梳理，将其归于五大主要形态，基于现有互联网金融核算盲点，确定互联网金融核算范围为第四种模式，基于货币与金融统计体系的最新研究成果《货币与金融统计手册及编制指南（2016）》，明确了互联网金融在货币与金融统计框架下三类核算主体的类别归属，基于《国民经济行业分类》对三类核算主体进一步进行基层分类，进而分析了每种主要形态的具体业务形式、金融服务模式、盈利方式，借助《国民账户体系 2008》中的交易改道，将互联网金融交易虚拟化，提炼了每种主要形态的虚拟资产负债及类型，明确了互联网金融核算客体，是对互联网金融微观研究的系统化。运用金融核算理论，进一步总结出货币与金融统计视角下互联网金融的核算客体及类别归属，设计了互联网金融部门资产负债表，寻找替代指标，对我国互联网金融虚拟资产进行了核算。一定程度上拓展了互联网金融总量核算研究的广度和深度，有利于解决我国互联网金融统计实践的迫切需求，是对宏观经济、金融统计的一种补充与完善。

第二，深化对互联网金融发展理论的相关研究。互联网金融发展理论提出以来，一直集中于围绕某一种互联网金融形态或者产品的发展进行案例分析。本文系统分析了互联网金融行业发展状况，认为互联网金融仍然存在人民日益增长的美好生活需要和不平衡不充分的发展之间的矛盾，并且从发展角度来看，互联网金融平台的管理绩效影响大于经营绩效。从规范及实证两个方面进行了论证，基于发展动因、风险控制的角度设计了以一般企业绩效为理论基础的互联网金融平台发展绩效的评价指标体系，采用网络爬虫技术爬取数据，使用熵权 TOPSIS 方法进行了实证研究，以权威第三方网站对互联网金融发展的评价作为参照，验证结果的合理性，并使用变异系数法加权 TOPSIS 模型进行比较分析，验证了模型的稳健性。对比分析互联网金融发展问题及改进其绩效有较强的现实指导意义。有利于客观准确把握互联网金融发展状况，进一步丰富了金融发展理论框架，是对我国现行的企业绩效评价指标体系理论的进一步丰富和完善，为我国互联网金融市场稳健提供了新的政策路径。

第三，提升对互联网金融微观影响因素的实践研究。对互联网金融平台而言，从自身经营角度分析更有利于其在相同宏观背景下实现自身经营的调节。本文从微观角度分析互联网金融发展的影响因素，基于现有文献基础，构建不同细分业态下的互联网金融发展微观影响因素指标体系。分析线性回归模型估计问题，采用改进的最优尺度回归模型，找出平台发展程度的主要微观影响因素，并厘清各因素影响力的大小排序。结果显示，在细分业态下不同类互联网金融平台发展绩效微观影响因素存在明显差异，并发现各主要形态平台的发展微观影响因素中存在几个“与众不同”的结果。从互联网金融平台经营者角度，提出自我调节的政策建议，在外部监管政策趋严的背景下，对可以通过遵守监管规则，改善自身经营情况继续发展的平台而言尤为重要。

第四，深化对互联网金融复杂网络理论的相关研究。本文将互联网金融、传统金融业、监管政策放入同一复杂网络框架下进行研究，从不同层次与角度刻画了从诱因到向传统金融扩散再到风险规制的风险传染机理。基于金融中介理论、信息不对称理论、长尾理论、网络效应理论、马太效应理论，剖析互联网金融的风险传染基本特性，从“风险诱因”“风险规制手段”“风险传染路径”入手，将网络拓扑性质融入风险传染的异质关联之中，构建了呈现多属性连接的三层互联网金融复杂网络，反映了互联网金融风险系统复杂性，运用多层复杂网络理论阐释了互联网金融风险内部循环，以及互联网金融风险向传统金融业传播、受监管政策规制的风险传染逻辑链条，提高了互联网金融网络在复杂场景下的应用能力。在多层互联网金融复杂理论方面，对多层互联网金融网络的拓扑性质进行了拓展研究，拓展了节点、边、层的测度指标理论，提出了多层互联网金融结构测度指标相关理论，将一层网络推广到三层网络，使得拓扑性质能够分析互联网金融风险传染的异质关联模式，并且该理论可以作为独立模块有效迁移和应用于其他的多层网络拓扑特征。

7.4 不足及研究展望

本研究存在的不足及研究展望：

第一，互联网金融总量核算方面，互联网金融与传统金融业紧密关联在一起，而且新型业态不断出现，互联网金融核算理论基础不完备，以及相关基础数据获取困难。本文只对第四类即全新的互联网金融创新模式进行了核算，属于狭义定义。在有基础数据的前提下，可进一步考虑广义定义的核算范围，进一步讨论对互联网基金销售、互联网保险和互联网消费进行总量核算。另外，可以考虑从增加值角度进行核算，以《国民经济行业分类（2017）》中的现代金融服务一项为依据，基于《统计用产品分类目录》筛选符合互联网金融特征的产品，并基于《国民经济行业分类（2017）》找出上述产品对应的生产产业。思路是在确定了互联网金融的核算范围之后，通过统计用产品目录与国民经济行业分类筛选出互联网金融产品，以及生产这些产品的国民经济行业，进而测算上述互联网金融相关产业的增加值等总量指标。由于现有数据不能提供互联网金融各相关行业的详细数据，因此互联网金融增加值等指标测算所需要的大部分数据需要估算，假设互联网金融中间消耗占互联网金融总产出的比重与相应产业中间消耗占总产出的比重相同。目前，基础数据存在较大困难，这是后续研究的另一课题。

第二，互联网金融风险传染机制的研究不够深入。其一，本文构建的互联网金融网络仅从风险因素层面出发，不包含互联网金融传染过程中发出主要行为的微观主体，若能将微观主体也纳入互联网金融网络，则可分析互联网金融网络中每一节点的动态演化过程；其二，在复杂网络的系统动力学方面知识有限。事实上，可模拟在不同情况和假设下互联网金融风险的发生、传染机制，通过建立反馈机制来考察多层互联网金融网络的风险传染。这需要借助于更深入的系统动力学的理论知识，这是后续研究的另一课题。

第三，互联网金融监管者政策方面，当前监管政策主要采用“一刀切”式，会抑制互联网金融创新。本文虽然从监管者、行业经营者、行业协会方面提出了政策建议，但有些孤立。另外，在互联网金融风险复杂网络系统中，社会民众监督作为监管子网的节点确实会对互联网金融风险产生影响。在治理体制思想下，除政府监管者、行业经营者、行业协会外，还应考虑社会监督，强调多元化主体，可进一步探究以政府监管者为主、其余三类主体为辅的协同监管“四位一体”的互联网金融治理体系。这是后续研究的另一课题。

附录　缩写与术语解释

BEA	Bureau of Economic Analysis	经济分析局
BCBS	Basel Committee on Banking Supervision	巴塞尔银行监管委员会
CSNA2016	Chinese System of National Accounts 2016	《中国国民经济核算体系》
DAL	Domestic Assets and Liabilities	国内资产负债
DGI	Data Gaps Initiative	数据缺口倡议
FTC	Federal Trade Commission	美国联邦贸易委员会
IF	Internet Finance	互联网金融
IMF	International Monetary Fund	国际货币基金组织
IFN	Internet Finance Network	互联网金融网络
MFSM	Monetary and Financial Statistics Manual	《货币与金融统计册》
MFSMCG2016	Monetary and Financial Statistics Manual and Compilation Guide 2016	《货币与金融统计手册及编制指南（2016）》
MFS	Monetary and Financial Statistics	货币与金融统计
OECD	Organization for Economic Cooperation and Development	经济合作与发展组织
SNA2008	System of National Accounts 2008	《国民账户体系 2008》
NESIS	EU's New Economy Statistical Information System	欧盟新经济统计信息系统

REFERENCES 参考文献

安康，2017. 互联网金融企业小额贷款业务的会计处理研究［J］. 中国商论（16）：40－42.

巴曙松，2000. 中国货币政策有效性的经济学分析［M］. 北京：经济科学出版社.

白云霞，邱穆青，李伟，2016. 投融资期限错配及其制度解释：来自中美两国金融市场的比较［J］. 中国工业经济（7）：23－39.

包爱民，2013. 互联网金融对传统金融的挑战与风险防范［J］. 内蒙古金融研究（12）：37－38.

卜湛，2019. 复杂网络与大数据分析［M］. 北京：清华大学出版社.

曹倩，刘鹏程，王小洁，2016. 消费者第三方支付使用意愿及其微观影响因素研究：基于CHFS（2011）调查数据的经验分析［J］. 宏观经济研究（7）：129－136.

曹玉茹，杨年华，2019. 基于 SPSS 最优尺度的回归方法［J］. 统计与决策，35（12）：72－74.

曾江洪，李佳威，李林海，2017. 众筹平台双边市场特性与竞争策略研究［J］. 科技进步与对策，34（3）：22－32.

曾江洪，杨帅，2014. P2P 借贷出借人的羊群行为及其理性检验：基于拍拍贷的实证研究［J］. 天津财经大学学报（7）：22－32.

陈放，2017. 互联网金融的顺周期性风险和逆周期监管研究［J］. 经济体制改革（4）：123－129.

陈慧雯，2017. 互联网金融对传统金融业的风险溢出效应测度：基于分位数回归与 GARCH 类模型的 CoVaR 方法［D］. 杭州：浙江财经大学.

陈荣达，余乐安，金骋路，2020. 中国互联网金融的发展历程、发展模式与未来挑战［J］. 数量经济技术经济研究，37（1）：3－22.

陈晓文，2019. 货币统计视角下的互联网金融核算［D］. 成都：西南财经大学.

陈新岗，李梓旗，2017. 基于互联网金融视角的网络信用风险传导机制研究［J］. 创新，11（1）：80－90.

陈耀辉，姜婷，2018. 基于极值理论的互联网金融操作风险测算［J］. 长江大学学报（自科版），15（17）：65－70，76.

陈一稀，2013. 互联网金融的概念、现状与发展建议［J］. 金融发展评论（12）：126－131.

陈志武，2014. 新金融逻辑互联网金融热的冷思考［J］. 新经济导刊（7）：10－11.
程立茹，2013. 互联网经济下企业价值网络创新研究［J］. 中国工业经济（9）：82－94.
程识，2010. 我国互联网信用体系建设的策略研究：基于中国人民银行征信平台的视角［J］. 征信，28（3）：9－12.
崔名铠，2015. MFS 核算体系的演变与启示［J］. 统计研究，32（6）：20－27.
戴国强，方鹏飞，2014. 利率市场化与银行风险：基于影子银行与互联网金融视角的研究［J］. 金融论坛，19（8）：13－19，74.
邓超，陈学军，2014. 基于复杂网络的金融传染风险模型研究［J］. 中国管理科学，22（11）：11－18.
邓恩，2015. 互联网金融品牌形象传播效果评价模型构建与实证研究：以支付宝和积木盒子品牌为例［J］. 新闻与传播研究（10）：50－70.
丁少玲，聂富强，郭元绍，2020. 国际货币与金融体系的最新修订及借鉴［J］. 统计与决策，36（8）：132－136.
董昀，李鑫，2014. 互联网金融的发展：基于文献的探究［J］. 金融评论，6（5）：16－40，123.
鄂奕洲，乔玉洋，刘子超，2016. 互联网金融模式演进与风险识别研究：基于系统科学视角［J］. 华东经济管理，30（3）：91－96.
封思贤，袁圣兰，2018. 用户视角下的移动支付操作风险研究：基于行为经济学和 LDA 的分析［J］. 国际金融研究（3）：68－76.
龚明华，2014. 互联网金融：特点、影响与风险防范［J］. 金融会计（2）：9.
龚书雯，邹辉文，2018. 基于复杂网络网贷平台风险传染研究［J］. 投资研究，37（11）：88－98.
龚遥，顾晓安，2016. 互联网金融发展微观影响因素实证分析［J］. 经济经纬，33（6）：143－148.
顾海峰，杨立翔 2018. 互联网金融与银行风险承担：基于中国银行业的证据［J］. 世界经济（10）：75－100.
郭品，沈悦，2015. 互联网金融对商业银行风险承担的影响：理论解读与实证检验［J］. 财贸经济（10）：102－116.
郭胜男，2012. 第三方网上支付使用意愿及其影响因素的实证研究［D］. 南京：南京理工大学.
郭新茹，韩顺法，李丽娜，2014. 基于双边市场理论的众筹平台竞争行为及策略［J］. 江西社会科学，34（7）：79－84.
郭元绍，2017.《货币与金融统计手册及编制指南（2016 草案）》的比较与借鉴［D］. 成都：西南财经大学.

何虹，2013. 互联网金融发展面临的风险隐患应予以重视［J］. 华北金融（8）：55－61.
何启志，彭明生 2017. 互联网金融、股票市场与中小企业发展［J］. 财政研究（9）：88－101.
何启志，彭明生，2016. 基于互联网金融的网贷利率特征研究［J］. 金融研究（10）：95－110.
洪娟，曹彬，李鑫，2014. 互联网金融风险的特殊性及其监管策略研究［J］. 中央财经大学学报（9）：42－46.
侯建强，王喜梅，2016. 支付创新、信息行为与互联网金融风险管理［J］. 财经科学（10）：36－45.
侯玉玲，2015. 互联网融资专项统计设置与分类指标［J］. 华北金融（12）：68－71.
胡金焱，水兵兵，2020. 互联网金融借贷期限、信用风险与定价关系研究：基于借款者投融资期限错配视角［J］. 现代财经（天津财经大学学报），40（9）：3－18.
胡巍，2017. 互联网金融对城市商业银行创新绩效的影响研究［J］. 金融理论与实践（8）：19－23.
胡跃飞，黄少卿，2009. 供应链金融：背景、创新与概念界定［J］. 金融研究（8）：194－206.
胡志浩，李晓花，2017. 复杂金融网络中的风险传染与救助策略：基于中国金融无标度网络上的 SIRS 模型［J］. 财贸经济，38（4）：101－114.
黄旭，兰秋颖，谢尔曼，2013. 互联网金融发展解析及竞争推演［J］. 金融论坛，18（12）：3－11.
黄永，闫海州，2015. 互联网金融对金融抑制改进的文献综述［J］. 商业经济研究（30）：89－90.
贾俊平，2018. 统计学［M］. 7 版 . 北京：中国人民大学出版社 .
贾楠，2018. 中国互联网金融对银行业风险影响及其系统性风险度量研究［J］. 经济问题探索（4）：145－157.
江海，2014. 构建互联网金融统计监测体系探讨［J］. 上海金融（12）：105－106.
江海洋，2019. 金融脱实向虚背景下非法吸收公众存款罪法益的重新定位［J］. 政治与法律（2）：39－52.
靳文辉，2017. 互联网金融监管组织设计的原理及框架［J］. 法学（4）：39－50.
郎慧苹，2019. 互联网金融发展面临的主要风险与监管对策研究［J］. 商场现代化（19）：130－131.
李彩凤，梁静溪，2016. 互联网金融风险的实证评价及优化对策［J］. 金融理论与实践（5）：69－74.
李丹丹，马静，2017. 双层社会网络上的舆情传播动力学分析［J］. 系统工程理论与实践，

37 (10): 2672 - 2679.
李东荣，2016. 构建互联网金融风险治理体系 [J]. 中国金融 (12): 9 - 11.
李刚，迟国泰，程砚秋，2011. 基于熵权 TOPSIS 的人的全面发展评价模型及实证 [J]. 系统工程学报，26 (3): 400 - 407.
李国义，2017. 互联网金融中的信用风险形成机理研究 [J]. 哈尔滨商业大学学报 (社会科学版) (3): 38 - 45.
李凯琪，沈蕾，2015. 基于 VaR 模型的互联网金融产品的收益风险度量及绩效评价 [J]. 征信，33 (7): 72 - 75.
李良艳，2020. P2P 网贷平台发展演进及反思 [J]. 中国经贸导刊 (中) (4): 80 - 82.
李鹏，2013. 中国财政投融资资金运用绩效评价体系研究 [D]. 沈阳：辽宁大学.
李若愚，2013. 中国式影子银行规模测算与风险评估 [J]. 金融与经济 (9): 32 - 36，45.
李守伟，王磊，龚晨，2020. 复杂金融系统的研究方法：多层网络理论 [J]. 系统科学学报，28 (1): 40 - 44.
李树文，2015. 互联网理财产品特征与风险分析 [J]. 大连海事大学学报 (社会科学版)，14 (3): 27 - 33.
李文红，2020. 虚拟资产的国际监管思路及其对建立防范互联网金融风险长效机制的启示 [J]. 金融监管研究 (9): 1 - 15.
李文亮，2017. 互联网金融与商业银行创新绩效的关系研究 [J]. 金融理论与实践 (2): 42 - 46.
李文喆，2019. 中国影子银行的经济学分析：定义、构成和规模测算 [J]. 金融研究 (3): 53 - 73.
李雪静，2013. 众筹融资模式的发展探析 [J]. 上海金融学院学报 (6): 73 - 79.
李扬，2017. "金融服务实体经济"辨 [J]. 经济研究，52 (6): 4 - 16.
李正辉，王红云，2013. 虚拟经济规模总量测度指标的适应性研究 [J]. 统计与决策 (9): 31 - 34.
李政道，任晓聪，2016. 区块链对互联网金融的影响探析及未来展望 [J]. 技术经济与管理研究 (10): 75 - 78.
联合国，欧盟委员会，经济合作与发展组织，等，2012. 国民账户体系 2008 [M]. 中国国家统计局国民经济核算司，中国人民大学国民经济核算研究所，译. 北京：中国统计出版社.
林爱南，2017. P2P 网贷运营模式与风险控制研究 [D]. 泉州：华侨大学.
林辉，周勇，董斌，2011. 网络银行技术风险的防范与监管问题研究 [J]. 科技与经济，24 (3): 101 - 105.
林晓轩，2016. 区块链技术在金融业的应用 [J]. 中国金融 (8): 17 - 18.

刘翠丽，2016. 互联网金融对传统商业银行业务的冲击与对策研究 [J]. 中国管理信息化，19 (12)：135-136.

刘吉平，2017. 中国民生银行绩效管理模式研究：以南京分行为例 [J]. 价值工程 (1)：12-14.

刘峻峰，张卫峰，2020. 金融供给侧结构性改革、金融抑制与区域经济增长 [J]. 工业技术经济，39 (10)：125-134.

刘蕾，2019. 关于互联网金融法律监管问题的研究 [J]. 武汉冶金管理干部学院学报，29 (1)：27-29.

刘澜飚，沈鑫，郭步超，2013. 互联网金融发展及其对传统金融模式的影响探讨 [J]. 经济学动态 (8)：73-83.

刘勤福，孟志芳，2014. 基于商业银行视角的互联网金融研究 [J]. 新金融 (3)：14-18.

刘伟，2016. 经济新常态与供给侧结构性改革 [J]. 管理世界 (7)：1-9.

刘学，邹明嘉，2016. 关于第三方支付平台资金收付的会计处理探讨 [J]. 时代金融 (17)：78-80.

刘英，罗明雄，2013. 互联网金融模式及风险监管思考 [J]. 中国市场 (43)：29-36.

刘瑛，张蕾，2019. 双视角下网络虚拟资产内涵界定 [J]. 科技经济导刊，27 (30)：185-186.

刘志迎，石磊，马朝良，等，2016. 众筹融资绩效微观影响因素研究：基于文献综述视角 [J]. 科学学与科学技术管理 (11)：117-127.

陆岷峰，虞鹏飞，2015. 互联网金融道德建设研究：基于 P2P 平台消费者权益保护问题的分析 [J]. 金陵科技学院学报（社会科学版），29 (4)：11-15.

陆柔，顾欣，2016. 互联网金融信息安全问题与对策分析 [J]. 时代金融 (12)：47-48.

路紫萌，2017. 互联网金融平台绩效测度及其微观影响因素研究 [D]. 成都：西南财经大学.

罗明雄，2013. 六大互联网金融模式形成 [N]. 中国电子报，12-13 (9).

骆波，2017. 互联网金融统计监测框架体系的建设研究 [J]. 金融理论与实践 (4)：104-108.

马辉，2009. 综合评价系统中的客观赋权方法 [J]. 合作经济与科技 (9)：50-51.

马锦春，2016. 股权众筹的差异化监管研究 [J]. 金融理论探索 (3)：11-17.

马理，彭承亮，何启志，等，2019. 互联网金融业对传统金融业风险溢出效应研究 [J]. 证券市场导报 (5)：14-22.

马丽，2011. 阿里巴巴、腾讯遭日本专利伏击 [J]. 法人 (7)：42-44，96.

马骁骏，吕随启，2017. 互联网金融对银行业的影响及对策 [J]. 宏观经济管理 (8)：43-47，52.

马永保，2016. 股权众筹行业融资信息披露制度：行业特殊性与发展方向［J］. 现代经济探讨（8）：92－99.
毛玲玲，2019. 互联网金融刑事治理的困境与监管路径［J］. 国家检察官学院学报，27（2）：34－46.
米传民，徐润捷，陶静，2019. 互联网金融空间聚集分析及系统性风险防范：基于 t－SNE 机器学习模型［J］. 财经论丛（8）：53－62.
米传民，2018. 考虑社交网络和互联网金融的金融市场超网络均衡研究［J］. 中国管理科学，26（12）：56－65.
聂富强，崔名铠，2010. 金融市场视角下的货币与金融统计：由近期金融统计新国际标准相继出台引发的思考［J］. 华北金融（1）：52－53.
聂富强，丁少玲，路紫萌，2019. 中国互联网金融发展绩效测度研究［J］. 统计与信息论坛，34（8）：42－49.
欧阳资生，莫廷程，2016. 互联网金融风险度量与评估研究［J］. 互联网金融风险度量与评估研究（5）：173－178.
裴久徵，2019. 论互联网金融的法律监管：评《互联网金融法律与风险控制》［J］. 广东财经大学学报，34（3）：113.
彭冰，2018. 反思互联网金融监管的三种模式［J］. 探索与争鸣（10）：10－13，141.
彭刚，聂富强，万兴森，2020. 货币统计视角下绿色金融核算问题研究［J］. 金融教育研究，33（3）：3－15.
彭刚，聂富强，2019. SNA 视角下中国虚拟经济总量核算问题研究［J］. 统计与信息论坛，34（2）：3－12.
钱金叶，杨飞，2012. 中国 P2P 网络借贷的发展现状及前景［J］. 金融论坛，17（1）：46－51.
秦宇琪，2015. 互联网金融的特殊风险及防范分析［J］. 财经界（学术版）（8）：43，210.
邱灵敏，2019. 我国互联网金融信息披露监管研究［D］. 南昌：江西财经大学.
芮晓武，刘烈宏，2014. 中国互联网金融发展报告［M］. 北京：社会科学文献出版社.
宋婵蓉，杨建梅. 2011. 活用平衡计分卡，变革证券公司绩效管理体系：以 G 公司为例的经验与启示［J］. 现代管理科学（10）：103－107.
宋华，陈思洁，2016. 供应链金融的演进与互联网供应链金融：一个理论框架［J］. 中国人民大学学报，30（5）：95－104.
宋淑丽，齐伟娜，2014. 基于多元线性回归的农村剩余劳动力转移研究：以黑龙江省为例［J］. 农业技术经济（4）：104－110.
宋薇，2018. 互联网金融环境下第三方支付平台会计处理研究［J］. 财会通讯（10）：72－75.

孙国峰，贾君怡，2015. 中国影子银行界定及其规模测算：基于信用货币创造的视角［J］. 中国社会科学（11）：92－110，207.

孙小丽，彭龙，2013. KMV模型在中国互联网金融中的信用风险测算研究［J］. 北京邮电大学学报（12）：52－60.

孙中东，2019. 互联网银行为中国银行业开拓发展新模式［N］. 金融时报，12－09（9）.

谭媛媛，孙蓉，2018. 互联网保险契约不完全性的利益冲突及其防范机制［J］. 保险研究（1）：112－127.

陶士贵，黄靖雯，2020. P2P网贷平台绩效微观影响因素研究：基于背景差异性的视角［J］. 工业技术经济，39（2）：125－133.

田秀杰，符建华，2018. 生态功能区经济发展绩效评价研究：基于黑龙江省的实例［J］. 统计与信息论坛，33（3）：87－92.

童文俊，2014. 互联网金融洗钱风险与防范对策研究［J］. 金融会计（8）：71－76.

汪炜郑扬扬，2015. 互联网金融发展的经济学理论基础［J］. 经济问题探索（6）：170－176.

汪振江，张驰，2014. 互联网金融创新与法律监管［J］. 兰州大学学报（社会科学版），42（5）：112－121.

王飞，2019. 金融深化视野下互联网金融监管研究［D］. 北京：北京交通大学.

王华，李扬子，曹青子，等，2018. 互联网金融发展的长尾效应与溢出效应分析［J］. 统计与决策，34（19）：172－174.

王会娟，廖理，2014. 中国P2P网络借贷平台信用认证机制研究：来自“人人贷”的经验证据［J］. 中国工业经济（4）：136－147.

王立勇，石颖，2016. 互联网金融的风险机理与风险度量研究：以P2P网贷为例［J］. 东南大学学报（3）：103－112.

王倩，吴承礼，2016. 互联网金融风险的生成机理分析［J］. 社会科学辑刊（5）：86－91.

王倩，2016. 互联网金融发展中伦理道德失范及原因分析［J］. 对外经贸实务（4）53－56.

王伟，纪金言，邓伟平，2017. P2P网贷平台风险与平台特征：来自中国54家平台的经验证据［J］. 河北经贸大学学报，38（3）：56－64.

王修华，赵亚雄，2020. 数字金融发展是否存在马太效应?：贫困户与非贫困户的经验比较［J］. 金融研究（7）：114－133.

王一飞，2014. 互联网金融的风险管理功课［N］. 中国保险报，14－16（6）.

王元月，纪建悦，杨恩斌，2003. 网络金融的兴起及其在我国的发展［J］. 金融理论与教学（4）：42－44.

王重润，孔兵，2017. P2P网络借贷平台融资效率及其微观影响因素分析：基于DEA－Tobit方法［J］. 河北经贸大学学报，38（5）：54－60.

魏鹏，2014. 中国互联网金融的风险与监管研究［J］. 金融论坛，19（7）：3－9，16.
魏鹏飞，2016. P2P平台特质与投资者选择［J］. 中国流通经济，30（12）：92－99.
魏源，2018. 基于蒙特卡洛方法的互联网金融风险测度研究［J］. 技术经济与管理研究（9）：79－83.
吴佳哲，2015. 基于羊群效应的P2P网络借贷模式研究［J］. 国际金融研究（11）：88－96.
吴晓求，2015. 互联网金融：成长的逻辑［J］. 财贸经济（2）：5－15.
吴晓求，2014. 中国金融的深度变革与互联网金融［J］. 财贸经济（1）：14－23.
吴晓求，2017. 中国金融监管改革：逻辑与选择［J］. 财贸经济，38（7）：33－48.
伍旭川，2014. 互联网金融监管的方向与路径研究［J］. 吉林金融研究（9）：1－8.
武长海，2017. 论互联网背景下金融风险的衍变、特征与金融危机［J］. 中国政法大学学报（6）：55－74，159.
谢广营，徐二明，2016. P2P网贷企业绩效的微观影响因素：来自482家企业的经验数据［J］. 中国流通经济（7）：61－69.
谢蕾，许长新，卢小同，2014. 供应链金融与互联网金融的比较研究［J］. 会计之友（35）：86－88.
谢平，邹传伟，刘海二，2014. 互联网金融监管的必要性与核心原则［J］. 国际金融研究（8）：3－9.
谢平，邹传伟，2012. 互联网金融模式研究［J］. 金融研究（12）：11－22.
谢世清，何彬，2013. 国际供应链金融三种典型模式分析［J］. 经济理论与经济管理（4）：80－86.
邢会强，2017. 相对安全理念下规范互联网金融的法律模式与路径［J］. 法学（12）：22－28.
邢译文，2016. 中国互联网金融模式研究［D］. 长春：吉林财经大学.
徐燕，2015. 互联网金融统计方法探索［J］. 调研世界（7）：44－46.
许白玲，2020. 互联网金融治理体系与优化策略［J］. 技术经济与管理研究（4）：91－95.
许传西，2015. 基于熵权TOPSIS法对家电企业业绩评价的研究［D］. 武汉：华中科技大学.
许多奇，2018. 互联网金融风险的社会特性与监管创新［J］. 法学研究（9）：20－39.
许俊伟，2020. 新时代我国互联网金融治理：基于政府规制的反思与优化［J］. 理论月刊（4）：85－93.
许荣，刘洋，文武健，等，2014. 互联网金融的潜在风险研究［J］. 金融监管研究（3）：40－56.
许宪春，张美慧，2020. 中国数字经济规模测算研究：基于国际比较的视角［J］. 中国工业经济（5）：23－41.

薛紫臣，董小君，2016. 互联网金融流动性风险生成机理及化解［J］. 国家行政学院学报（3）：86－91.

严建红，2001. 互联网时代的金融业：挑战及应对策略［J］. 国际金融研究（6）：31－38.

杨东，2015. 互联网金融的法律规制：基于信息工具的视角［J］. 中国社会科学（4）：107－126.

杨东，2018. 监管科技：金融科技的监管挑战与维度建构［J］. 中国社会科学（5）：69－91.

杨富勇，2016. 互联网金融统计困境及实施路径［J］. 金融发展评论（10）：49－54.

杨光，2015. 互联网金融背景下普惠金融福利绩效评价研究［J］. 金融发展评论（1）：147－157.

杨群华，2013. 我国互联网金融的特殊风险及防范研究［J］. 金融科技时代（7）：100－103.

杨涛，董昀，高鹏飞，2014. 我国支付清算市场发展与完善研究［J］. 农村金融研究（6）：40－45.

杨卫平，周咪，成萌，2016. 互联网金融背景下中国寿险公司经营绩效评价研究［J］. 财经理论与实践，37（4）：31－36.

杨潇，2016. 基于价值链视角的互联网金融企业经营绩效评价［J］. 财经视线（2）：160－161.

杨翾，彭迪云，2015. 消费者使用第三方支付感知风险的微观影响因素与对策建议：基于解释结构模型（ISM）的实证分析［J］. 南昌大学学报（人文社会科学版），46（4）：70－76.

杨仲山，2006. 基于网络经济认识的核算方法研究：解析网络时代 GDP 的有效性［J］. 财经问题研究（2）：26－32.

姚国章，赵刚，2015. 互联网金融及其风险研究［J］. 南京邮电大学学报（自然科学版），35（2）：8－21.

殷志勇，王冶琦，邹颖，2010. 银行网络金融风险及防范［J］. 黑龙江对外经贸（12）：125－126.

尹海员，王盼盼，2015. 我国互联网金融监管现状及体系构建［J］. 财经科学（9）：12－24.

尹夏楠，鲍新中，2017. 基于熵权 TOPSIS 方法的高新技术企业财务风险评价：以生物制药行业为例［J］. 会计之友（4）：70－74.

游士兵，严研，2017. 逐步回归分析法及其应用［J］. 统计与决策（14）：31－35.

余来文，温著彬，边俊杰，等，2015. 互联网金融：跨界、众筹与大数据的融合［M］. 北京：经济管理出版社.

俞小海.互联网金融的风险评估及对刑法适用之影响［J］.北京警察学院学报，2014（5）：8-16.
喻微锋，周黛，2018.互联网金融、商业银行规模与风险承担［J］.云南财经大学学报，34（1）：59-69.
袁远，2019.由“管制”向“公共产品”的转型：互联网金融法律监管的困境与对策［J］.湖北大学学报（哲学社会科学版），46（3）：166-172.
战明华，张成瑞，沈娟，2018.互联网金融发展与货币政策的银行信贷渠道传导［J］.经济研究，53（4）：63-76.
张博，2020.互联网金融、利率市场化与银行期限错配［J］.金融与经济（4）：41-50.
张成虎，武博华，2019.金融和技术创新视角下网络金融犯罪的形成机理与治理策略［J］.西安交通大学学报（社会科学版），39（1）：1-8.
张典礼，刘胜题，2016.基于因子分析的互联网金融概念上市公司的经营绩效评价［J］.中国林业经济（4）：25-30.
张美慧，2017.国际新经济测度研究进展及对中国的借鉴［J］.经济学家（11）：47-55.
张松，史经伟，雷鼎，2013.互联网金融下的操作风险管理探究［J］.新金融（9）：33-36.
张婷，米传民，2016.基于超网络的互联网金融均衡问题研究［J］.复杂系统与复杂性科学，13（2）：36-43.
张旺，李桂兰，2018.互联网金融背景下的商业银行操作风险管理研究：以湖南省农行为例［J］.时代金融（27）：94，99.
张文慧 2017.互联网金融对会计发展的影响及措施［J］.中外企业家（18）：74-75.
张文彤，2004.SPSS统计分析高级教程［M］.北京：高等教育出版社.
张务伟，张福明，杨学成，2012.农村劳动力非农化程度微观影响因素的实证研究［J］.统计研究，29（1）：106-109.
张晓，2016.互联网金融与传统金融的双向系统性风险溢出效应研究：基于AR-GARCH-CoVaR模型分析［J］.中南财经政法大学研究生学报（2）：64-70.
张晓朴，2014.互联网金融监管的原则：探索新金融监管范式［J］.金融监管研究（2）：6-17.
张秀杰，2017.互联网金融统计监测的现状及路径选择［J］.西部金融（2）：18-19.
张玉梅，王昌昊，王倩，2019.信息不对称、金融伦理缺失与民间融资高风险［J］.征信，37（4）：1-8.
张苑，2016.区块链技术对我国金融业发展的影响研究［J］.国际金融（5）：41-45.
赵洪江，陈林，李平，2015.互联网金融对传统金融的改变与不变［J］.电子科技大学学报（社科版），17（4）：34-42.

赵立志，朱建明，2014. 互联网金融信息安全问题与对策 [J]. 电子商务（12）：36－37.
赵新军，2007. 企业绩效决定因素的理论解说及其评述 [J]. 商场现代化（14）：106－107.
赵卓丽，2015. 浅谈互联网金融会计核算问题 [J]. 财经界（学术版）(36)：228，383.
郑海超，黄宇梦，王涛等，2015. 创新项目股权众筹融资绩效的微观影响因素研究 [J]. 中国软科学（1）：130－138.
郑联盛，2014. 中国互联网金融：模式、影响、本质与风险 [J]. 国际经济评论（5）：103－118.
钟伟，顾弦，2010. 第三方支付的创新趋势与监管思路 [J]. 中国金融（12）：26－27.
周勤，王飞，2016. 信息不对称与"言多必失"：来自中国 P2P 网贷平台的证据 [J]. 东南大学学报（哲学社会科学版），18（3）：78－84，147.
朱辰，华桂宏，2018. 互联网金融对中国银行业系统性风险的影响：基于 SCCA 模型及逐步回归法的实证研究 [J]. 金融经济学研究，33（2）：50－59.
朱化仁，费皓冉，沈美彤，胡鹏，2020. 用区块链，供应链金融解决中小企业融资问题的建议 [J]. 时代金融（25）：26－28.
朱辉 2019. 金融集聚对区域经济增长的影响效应研究 [D]. 上海：上海社会科学院.
朱莉，2023. 全球金融头寸矩阵编制与金融风险传染研究 [D]. 成都：西南财经大学.
朱鹏，2016. 基于改进杜邦分析法的融资租赁公司经营绩效评价 [J]. 财务与会计，15（4）：53－55.
朱晓旸，2014. 基于多重目标的国有企业绩效评价体系研究 [D]. 天津：天津大学.
邹静，王洪卫，2017. 互联网金融对中国商业银行系统性风险的影响：基于 SVAR 模型的实证研究 [J]. 财经理论与实践（1）：17－23.
ACHARYA R N，ALBERT，2004. Community banks and internet commerce [J]. Journal of Internet Commerce，3（1）：23－30.
ADRIAN T，BRUNNERMEIER M K，2008. CoVaR [R]. Federal Reserve Bank of New York Staff Report，No. 348.
ALLEN F，GALE D，2000. Financial contagion [J]. Journal of Political Economy，108（1）：1－33.
ALLEN MCANDREWS，STRAHAN，2002. E－finance：a introduction [J]. Journal of Financial Services Research，22（2）：130－141.
AMINI H，MINCA A，2016. Inhomogeneous financial networks and contagious links [J]. Operations Research，64（5）：1109－1120.
ANDERSON C J，2004. The long tail [J]. Wired，12（10）：170－177.
ANONYMOUS，1999. Confront E－commerce and security issues [J]. Credit Union Magazine，65（9），25－37.
BARGIGLI L，IASIO D G，INFANTE L，et al.，2015. The multiplex structure of inter-

bank networks [J]. Quantitative Finance, 15 (4): 673 - 691.

BATTISTON F, NICOSIA V, LATORA V, 2014. Structural measures for multiplex networks [J]. Physical Review E Statistical Nonlinear & Soft Matter Physics, 89 (3): 32 - 44.

BCKER K, 2005. Operational VAR: A closed - form approximation [J]. Risk (12): 90 - 93.

BELLEFLAMME P, LAMBERT T, SCHWIENBACHER A, 2014. Crowdfunding: Tapping the right crowd [J]. Journal of Business Venturing, 29 (5): 585 - 609.

BENSTON G J, SMITH C W , 1976. A Transactions Cost Approach to the Theory of Financial Intermediation [J]. The Journal of Finance, 31 (2): 215 - 231.

BLUNDELL - WIGNALL A, ATKINSON P , 2012 Deleveraging, Traditional versus Capital Markets Banking and the Urgent Need to Separate and Recapitalise G - SIFI Banks [J]. OECD Journal: Financial Market Trends (1): 7 - 44.

BOSS M, ELSINGER H, SUMMER M, et al. , 2004. An empirical analysis of the network structure of the Austrian interbank market [J]. Financial Stability Report, 24 (7): 77 - 87.

BöCKER K, C KlüPPPELBERG, 2005. Operational VaR: A closed form approximation [J]. RISK Magazine, 11: 90 - 93.

BRYSON N, MOBOLUTIN A, 1996. An action learning evaluation procedure for multiple criteria decision making problem [J]. Journal of Operational Research (96): 379 - 386.

BULDYREV S V, PARSHANI R, PAUL G, et al. , 2010. Catastrophic cascade of failures in interdependent networks [J]. Nature, 464 (7291): 1025 - 1028.

CACCIOLI F, CATANACH T A, FARMER J D, 2012. Heterogeneity, correlations and financial contagion [J]. Advances in Complex Systems, 15 (2): 125 - 158.

CAI S S, ZHANG J, 2020. Exploration of credit risk of P2P platform based on data mining technology [J]. Journal of Computational and Applied Mathematics, 372: 112718.

CHARNES A W, COOPER E, 1978. Measuring the efficiency of decision making units [J]. European Journal of Operational Research (2): 429 - 444.

CONT R, MOUSSA A, SANTOS E, 2010. Network structure and systemic risk in banking systems [J]. Handbook on Systemic Risk (10): 34 - 45.

CRIADO R, FLORES J, AMO A G D, 2012. A mathematical model for networks with structures in the mesoscale [J]. International Journal of Computer Mathematics, 89 (3): 291 - 309.

DEBRECENY R, GRAY G L, RAHMAN A, 2002. The determinants of Internet Finance reporting [J]. Journal of Accounting and Public Policy, 21 (45): 371 - 394.

FORBES K, RIGOBON R, 2002. No Contagion, only interdependence: measuring stock market co - movements [J]. The Journal of Finance, 57 (5): 2223 - 2261.

GUO H J, HUANG X, CRAIG P, 2015. Factors influencing the users acceptance of alipay [J]. International Conference on Economy, Management and Education Technology (29): 344 - 347.

GURLEY J G, SHAW E S, 1956. Financial intermediaries and the saving - investment process [J]. The Journal of Finance, 11 (2): 257 - 276.

HUA DANGLING, ZHANG ZHIYONG, LV SHIAI, 1999. TOPSIS analysis in multi - target decision - making method and its application [J]. Computer and Agriculture (4): 27 - 28.

HWANG C L, YOON K, 1981. Multiple attribute decision making and applications [M]. New York: Springer - Verlag.

IEEE, 2008. Fifth International Conference on Information Technology: New Generations (ITNG 2008) [C] //Aburrous M R, Hossain A, Thabatah F, et al., 2008. Intelligent quality performance assessment for e - banking security using fuzzy logic. New Jersey: IEEE Computer Society Press: 420 - 425.

IMF, 2016. Monetary and finanical statistics manual and compilation Guide (Prepublication Draft 2016) [M]. Washington D. C.: IMF.

IORI G, DEMASI G, PRECUP O V, et al., 2008. A network analysis of the Italian overnight money market [J]. Journal of Economic Dynamics and Control, 32 (1): 259 - 278.

KAPLAN R S, DAVID P NORTON, 1993. Putting the balanced scorecard to work [J]. Harvard Business Reviewm (1): 1 - 14.

KOH K L, ALLAN D E, HISCOK M E, et al., 1973. Credit and security in singapore: the legal problems of development finance [M]. New York: University of Queensland Press.

LANGFIELD S, LIU Z, OTA T, 2014. Mapping the UK interbank system [J]. Journal of Banking& Finance, 45 (8): 288 - 303.

LEE I, 2016. Encyclopedia of e - commerce development, implementation, and management (3 Volumes) [M]. Markham: Western Illinois University.

LIN M, VISWANATHAN S, 2015. Home bias in online investments: An empirical study of an online crowdfunding market [J]. Management Science, 62 (5): 1393 - 1414.

MAS - COLELL, ANDREU, MICHAEL WHINSTON, JERRY GREEN, 1995. Microeconomic Theory [M]. New York: Oxford University Press.

MISHKIN, FREDERIC, 1995. The Economics of Money, Banking, and Financial Markets [M]. New York: Harper Collins College Publishers.

MOLLICK E, 2014. The Dynamics of crowdfunding: an exploratory study [J]. Journal of

Business Venturing, 29 (1): 1-16.

Morgan J P, 1996. Riskmetrics: Technical Document [M]. New York: Morgan Guaranty Trust Company of New York.

MUSMECI N, NICOSIA V, ASTE T, et al., 2017. The multiplex dependency structure of financial markets [J]. Complexity (2): 1-12.

NICOSIA V, BIANCONI G, LATORA V, et al., 2014. Nonlinear growth and con-densation in multiplex networks [J]. Physical Review E Statistical Nonlinear & Soft Matter Physics, 90 (4): 042807.

NICOSIA V, LATORA V, 2015. Measuring and modeling correlations in multiplex networks [J]. Physical Review E Statistical Nonlinear & Soft Matter Physics, 92 (3): 032805.

OCEAN TESS. Online personal loans: access easy finance at cheap interest rates by [EB/OL]. (2013-12-09) [2020-12-26]. http: //www. Internetmonetary. com.

OECD, 2012. OECD Internet economy outlook 2012 [M]. Pairs: OECD Publishing.

ROBERT D Y, 2001. The Financial performance of pure play internet bank [J]. Economic Perspectives, Federal Reserve Bank of Chicago, 25 (1): 60-75.

ROLAND G, 2000. Transition and economics: Politics, markets, and firms [M]. Cambridge: MIT Press.

ROSENBERG J V, SCHUERMANN T, 2006. A general approach tointegrated risk management with skewed, fat-tailed risks [J]. Journal of Financial Economics, 79 (3): 569-614.

SAATY T L, 1977. A scaling method for priorities in hierarchical structures [J]. Journal of Mathematical Psychology (15): 57-68.

SHANNON C E, 1948. A mathematical theory of communication [J]. Bell Syst. Tech. J., 27: 379-423.

SHAHROK M, 2008. E-finance: status, innovations, resources and future challenges [J]. Managerial Finance (34): 365-398.

SOLE-Ribalta A, De Domenico M, Gómez S, et al., 2016 Random walk centrality in interconnected multilayer networks [J]. Physica D-Nonlinear Phenomena, 323: 73-79.

SOUMA W, FUJIWAR Y, AOYAMA H, 2003. Complex networks and economics [J]. Physica A: Statistical Mechanics and its Applications, 324 (1-2): 396-401.

THURNER S, Hanel R, Pichler S, 2003. Risk trading, network topology and banking regulation [J]. Quantitative Finance, 3 (4): 306-319.

TOIVANEN M, 2013. Contagion in the interbank network: An epidemiological approach [J]. Bank of Finland Research Discussion Paper (19): 1-45.

XU R J，Mi C M，Mierzwiak R，et al.，2020. Complex network construction of Internet finance risk [J]. Physica A：Statistical Mechanics and its Applications，540（2）：122930 - 122948.

YAN G，2013. Contents and measures for supervision on internet finance [J]. Advanced Science Letters，19（4）：1197 - 1201.

ZADEH L A，1965. Fuzzy sets [J]. Information and control，8（3）：338 - 353.

ZHU X，WANG F，LIANG C，et al.，2012. Quality credit evaluation based on TOPSIS：Evidence from air - conditioning market in China [J]. Procedia Computer Science，9：1256 - 1262.